La quête intérieure

Trouver le sens de sa vie

Pierre Mellot

La quête intérieure

Trouver le sens de sa vie

Éditions Emmanuel

Conception couverture : © Christophe Roger
Composition : Soft Office (38)

89, bd Auguste-Blanqui – 75013 Paris
www.editions-emmanuel.com
ISBN : 978-2-35389-911-1
Dépôt légal : 3e trimestre 2021

À mes parents.

Il y a des gens qui, à propos de certains problèmes,
font preuve d'une grande tolérance.
C'est souvent parce qu'ils s'en foutent.

MARK TWAIN

Aucun vent n'est favorable au bateau
qui ne sait pas où il va.

SÉNÈQUE

[Dans la vie d'un homme, l'essentiel relève]
d'une vision du sens de l'existence – de ce que
l'homme ressent au fond de lui-même
quand il regarde à travers ces étranges fenêtres
qu'on appelle des yeux, cet étrange spectacle
qu'on appelle le monde.

G. K. CHESTERTON

Introduction

Pourquoi as-tu choisi de vivre ainsi ?

Mon cher Fred,

J'ai beaucoup repensé ces derniers temps à la discussion que nous avons eue l'autre jour dans un bar. Tu m'avais parlé de ton intérêt pour les spiritualités orientales, le bouddhisme, la méditation… Tu les voyais comme de bons moyens de prendre du recul sur sa vie, de s'arrêter pour prendre plus pleinement conscience de ce que nous vivons, de vivre plus intensément, de donner du relief à ce que nous faisons en donnant à notre vie une nouvelle dimension : la dimension intérieure.

Être plus attentif à ce qui se passe en nous, c'est aussi mieux écouter nos désirs, nos peurs, nos émotions, nos envies, découvrir ce qui nous motive, nous attire, nous donne de la joie. Sans faire de métaphysique, nous voyons alors plus clairement quel est le but que nous voulons poursuivre au long de notre vie, la personne que nous voulons devenir. Cette démarche intérieure nous rend plus lucides, me disais-tu, et donc plus capables de trouver le sens de notre vie.

De mon côté, je t'avais parlé de ma propre vie spirituelle, et nous avions donc discuté de ce qui nous anime, des forces et des idées qui secrètement nous poussent en avant, de notre vision du monde et de la vie. Finalement, un point essentiel est ressorti pour moi de notre échange : mieux comprendre qui nous sommes et ce que nous voulons vraiment, faire émerger le sens de notre vie, devient possible lorsque nous découvrons tout doucement non seulement les désirs, mais aussi les idées et conceptions qui guident notre vie, et qui jusqu'alors agissaient en nous silencieusement, à notre insu... Car ces idées sont souvent secrètes, même pour nous. Et voici donc le but de la quête intérieure que nous partageons tous : découvrir le secret de ce que nous cherchons véritablement.

Bien qu'elles soient floues pour nous-mêmes – secrètes – nos « idées sur la vie » influencent discrètement mais sûrement notre façon de vivre. C'est d'ailleurs aussi pour cela que j'aime les conversations comme celle que nous avons eue. Lorsqu'on a l'occasion d'échanger avec un ami sur ce qui nous semble important dans la vie, sur les raisons qui nous ont poussés à faire tel ou tel choix, par exemple dans une relation amoureuse ou dans notre parcours professionnel, ces idées, les motivations de nos choix se précisent. Ce qui était vague devient plus clair : il n'est pas rare de ressortir d'une telle conversation en ayant appris quelque chose sur nous-mêmes !

Je t'écris aujourd'hui pour cette même raison, par désir de poursuivre la conversation, en te partageant mes propres idées, ce qu'il m'a semblé découvrir au fil de très nombreuses discussions sur ce thème avec des personnes bien différentes. Je le fais en espérant que ces pistes pourront t'éclairer à ton tour pour avancer sur ton chemin, et te faire découvrir la vision qui porte ta vie. Je le fais aussi pour te partager une intuition très forte, née de ces rencontres et de mon expérience : le vrai chemin de notre quête intérieure se trouve dans une direction que nous n'attendons pas.

Une vision de la vie, c'est comme un slip

Nous réfléchissons rarement de façon précise à ce qu'est pour nous le but de notre vie, au sens de l'amour ou au bonheur. Pourtant, subrepticement, ces « grandes idées » occupent beaucoup de place dans notre petit dialogue intérieur, cette discussion que nous entretenons perpétuellement avec nous-mêmes au long des journées, souvent sans y faire vraiment attention. Nous avons l'impression d'être très absorbés par les activités de notre vie quotidienne. Mais en réalité, les mille émotions et pensées sur le monde qui nous traversent chaque jour ont pour nous bien plus d'importance que nos réflexions sur nos activités concrètes et pragmatiques, comme gagner notre salaire au travail, faire les courses, ou penser à vider le lave-vaisselle. J'aime beaucoup la façon dont l'exprime Chesterton, un penseur et artiste anglais très inspirant, à la fois caricaturiste, poète, journaliste, pamphlétaire, romancier, critique littéraire et essayiste dont nous reparlerons souvent :

> *Ce n'est pas de sa subsistance que l'homme se préoccupe le plus, mais de son existence, de l'univers où il s'éveille chaque matin, de la place qu'il y tient. Pour une fois où il se représentera clairement ce que lui rapporte son travail et ce que lui coûte sa nourriture, il lui arrivera dix fois de se dire qu'il fait beau, que le monde est bizarre, que la*

> *vie vaut d'être vécue, que le mariage n'est pas toujours rose, que les enfants sont gentils, mais que sa jeunesse était plus gaie, bref de méditer vaguement sur le mystère de la vie humaine*[1].

Tout au long de nos journées, nous « méditons vaguement », si bien que ces idées sont comme la toile de fond de notre vie, mais elles se montrent rarement au premier plan. On y *pense* sans y *réfléchir*.

J'aime les conversations comme celle que nous avons eue, parce qu'elles nous rappellent que ces grandes idées sur le monde déterminent nos choix de tous les jours. Elles ne sont pas des concepts métaphysiques éthérés sans importance, ni même des convictions que nous convoquerions une fois tous les cinq ans au moment d'aller voter, ou lors des interminables discussions sociopolitiques où nous refaisons le monde (qui se porte bien mieux après), ou encore une fois par semaine en se rendant à la mosquée, au temple ou à l'église… avant de les remettre au placard en attendant la prochaine occasion.

Notre conception de la vie n'est pas un smoking des grands soirs, celui que l'on sort une fois par an, un vêtement pour riche, que seuls ceux qui en ont le luxe peuvent se permettre. Les personnes que je rencontre, et avec qui j'échange sur leur vision du sens de la vie, me disent souvent : « J'ai bien quelques vagues idées, mais je n'ai pas vraiment le temps pour me pencher dessus. J'aimerais bien pourtant ! Mais j'ai plus urgent, plus concret : j'ai une famille à faire vivre, une vie à gérer, une présentation à terminer pour demain. »

Pourtant, en réalité, ils portent eux aussi sans le savoir une vision souvent très précise du monde. Nos conceptions de la vie ne sont pas nos tenues des grands soirs, ce sont nos slips, nos culottes et nos chaussettes. Nos sous-vêtements qui nous collent au corps toute la journée, qui s'imprègnent de notre sueur et de notre odeur – et nous imprègnent de la leur. Et croyez-moi : vous feriez mieux de ne pas sortir sans ! À vrai dire, cette vision de la vie nous est même plus attachée que ces sous-vêtements : nous l'avons toujours sur nous, même sous la douche et pour faire l'amour – et peut-être surtout pour cela !

Nous portons tous, parfois inconsciemment, une vision du sens de l'existence, et nous vivons avec elle en permanence.

Life in technicolor

La plupart du temps, tout le monde – à commencer par vous – se fiche pas mal de la couleur de ses sous-vêtements – à moins que vous ne portiez des chaussettes particulièrement flashy et dépareillées comme mon regretté professeur d'histoire. En général, on ne s'en souvient plus quelques heures après s'être habillé. De même, nous ignorons souvent le détail de notre propre vision du monde, mais celle-ci s'avère en revanche bien plus déterminante !

Ces conversations où nous confrontons notre perception du monde et expliquons nos choix de vie nous rappellent que la *raison* pour laquelle nous promenons notre chien, choisissons tel métier plutôt qu'un autre, passons du temps avec un ami ou faisons la vaisselle a probablement beaucoup plus d'importance que la chose que nous faisons en elle-même. Ce qui donne sa couleur à notre vie, c'est n'est pas d'abord la suite des activités de notre agenda, mais bien le but que nous poursuivons à travers elles, c'est-à-dire le sens que nous leur donnons. Cela signifie que nous avons le pouvoir de *choisir* nous-mêmes la couleur qu'aura notre vie, en choisissant la *finalité* qu'elle poursuit.

Rien de plus facile à comprendre. Imaginons par exemple que demain matin tu arrives au travail, et que l'un de tes collègues vienne te voir. Il entreprend, un café à la main, de te raconter son week-end. Sa femme l'a traîné se balader dans un parc toute la journée du samedi, avant de l'emmener passer la soirée au restaurant. Lui n'aime pas beaucoup ces journées où on ne fait pas grand-chose de productif… Ils auraient pu au moins se faire une expo, aller au cinéma, rencontrer des amis (ou finir de repeindre la salle de bains). Enfin, bon gré mal gré, il a pris son mal en patience et s'est laissé conduire : « Après tout peu importe, il faut savoir lâcher certaines choses pour maintenir la paix dans un couple ! » Il a à peine fini qu'un deuxième collègue vous rejoint. Tout en se servant un café, il entreprend de vous raconter son propre week-end. Il est heureux d'avoir enfin pu passer du temps avec sa femme. Ils sont allés se promener dans un parc toute l'après-midi du samedi, et ont même pu passer la soirée ensemble au restaurant. Il tenait à offrir à sa femme et à son couple ces moments de qualité : « Je voulais passer du temps avec elle. » Vous êtes alors rejoints par un troisième collègue, qui a entendu votre conversation. Il soupire, et commence à vous expliquer qu'il a dû lui aussi prendre du temps avec sa femme ce week-end. Leur thérapeute de couple a lourdement insisté pour qu'ils se voient davantage, juste tous les deux. Poussé par le devoir, il a donc passé toute la journée de samedi avec sa femme, au parc puis au restaurant : « Que voulez-vous, je n'avais pas le choix, il fallait cocher la case. » Le programme de tes collègues était sans doute identique : tu te rends pourtant bien compte qu'ils n'ont pas tous eu le même samedi. Ils ont vécu quelque chose d'essentiellement différent les uns des autres. En réalité, la différence entre eux est bien plus importante que si tous, poussés par la même raison, par exemple suivre les conseils de leur thérapeute, avaient passé l'un le week-end au parc, l'autre en safari, et le troisième à faire la tournée des expos. Si leur motif peut être apparemment semblable, leur attitude intérieure a bien engendré trois week-ends totalement différents.

Voici une autre histoire. Trois amis viennent te donner un coup de main pour monter jusque chez toi ton nouveau canapé. Sitôt terminé, l'un d'eux s'en va. Tu ne lui en veux pas du tout : tu le connais bien, et tu sais qu'il a été éduqué dans une culture du service extrêmement forte. Quoi qu'il arrive, si on lui demande quelque chose, il est toujours là pour accomplir la tâche demandée. Tu l'as appelé, il a répondu, il n'y a rien d'autre à comprendre ! Un gars sûr. Le deuxième reste tchatcher un bon moment : maintenant qu'on l'a monté ce canapé, autant le tester – tant qu'à faire, on pourrait se commander des pizzas, non ? Ça lui fait tout simplement plaisir d'être là et de rendre service à un ami : les potes, c'est fait pour ça ! Le troisième, pendant ce temps, se fait discret derrière son portable... Mais te saute dessus à peine le second parti. Un peu gêné, il t'explique que lui aussi déménage la semaine prochaine : puisqu'il est venu te donner un coup de main aujourd'hui, il espère que tu puisses peut-être lui rendre la pareille – mais « sens-toi très libre surtout » ! Tes trois amis ont beau avoir participé rigoureusement à la même activité, tu auras probablement une impression très différente dans chaque cas. En réalité, *ils n'ont pas fait la même chose*.

Ces exemples nous montrent que la raison pour laquelle nous agissons n'est pas anodine : elle marque nos actes, leur donne leur relief déterminant. Le visage que prendra notre vie n'est pas dessiné seulement par le contenu de notre agenda, mais d'abord par les motivations qui nous l'ont fait remplir. Selon le but ou le sens que nous poursuivons, notre agenda se remplira différemment, mais de lui-même. Ce qui a l'impact le plus puissant sur notre vie, ce sont les lunettes que nous choisissons de porter, et qui peuvent colorer notre vie de mille façons différentes. Si je veux trouver le sens de ma vie, la première question à me poser n'est pas « que fais-je de ma vie ? », mais :

Quelles sont les lunettes que je porte ?

C'est-à-dire : à travers quel prisme est-ce que je regarde ma vie et le monde ?

Dire que c'est une histoire de lunettes revient à poser une affirmation très enthousiasmante : nous avons le pouvoir de changer la couleur de notre vie. Si certaines choses nous semblent parfois ne pas être ce qu'elles devraient être dans notre vie quotidienne, c'est peut-être simplement parce que nous ne la regardons pas encore avec les bonnes lunettes… Personnellement, cela m'arrive assez régulièrement ! Par exemple en vacances quelqu'un vient me demander un coup de main : je l'accompagne, souvent en étant un peu frustré de perdre ce temps, parce que les lunettes à travers lesquelles je lis la situation sont « je serai heureux si j'ai un maximum de temps où je fais ce que je veux ». Je passe de bien meilleures vacances lorsque j'échange ces lunettes pour d'autres, selon lesquelles « je serai heureux si je saisis les occasions de faire du bien aux autres » ! Pourtant, pas si facile de faire le changement…

Nous touchons là à quelque chose d'essentiel. Bien souvent, nous ne portons pas des lunettes colorées, mais des lentilles. Elles sont plus difficiles à changer, mais aussi infiniment plus discrètes, au point que même celui qui les porte peut oublier qu'il voit le monde à travers elles. Si je portais des lentilles depuis ma plus tendre enfance, peut-être n'aurais-je même pas conscience d'en avoir. Les couleurs bigarrées du monde qui m'entoure me sembleraient être les couleurs naturelles, indépendantes de ma volonté. Je n'imaginerais pas qu'elles dépendent en réalité essentiellement du teint rose fuchsia de mes lentilles...

Nous pouvons être si habitués à notre vision du monde que nous ne nous rendons même plus compte qu'il s'agit d'un prisme personnel, d'un choix que nous pourrions changer. Nous réagissons automatiquement selon la façon dont cette vision nous fait percevoir ce que nous vivons, nous engageant ainsi, sans même réfléchir, dans la direction dans laquelle elle nous pousse. Si certaines lentilles font la mise au point, d'autres sont déformantes. Certaines sont transparentes, d'autres opaques. Certaines nous font baigner dans la lumière du jour, d'autres nous empêchent de reconnaître le paysage que nous traversons au point de vivre dans le brouillard toute notre vie...

De la vision à la décision

À vrai dire, ce n'est pas qu'une simple histoire de coloration. L'influence de notre vision (secrète) de la vie va bien plus loin. Car tu l'as probablement remarqué, nous ne traversons pas la vie en simples spectateurs, mais en acteurs. Nous passons notre temps à prendre des décisions. Barbe ou pas barbe ? Est-ce que je reste encore quelques heures pour finir cette présentation, ou est-ce que je rentre chez moi me reposer et passer du temps avec ceux que j'aime ? Nutella avec huile de palme, ou pâte à tartiner sans huile de palme ? Comment m'y prendre pour régler cette difficulté avec mes parents ? Parfois, nous prenons des décisions plus importantes, comme lorsque nous nous engageons dans une relation amoureuse, que nous choisissons un travail ou un investissement associatif. Mais les petites décisions du quotidien sont infiniment plus nombreuses : ce sont finalement elles qui façonnent notre vie. Et bien que nous ne nous en rendions souvent pas compte, elles sont tout aussi dépendantes de notre vision du monde que les grandes décisions.

Petits ou grands, nous ne faisons pas de choix au hasard. Pourtant, nous nous arrêtons rarement pour peser le pour et le contre de façon détaillée et argumentative[2]... Tant mieux d'ailleurs, ce serait épuisant. À l'instinct, nous choisissons en nous appuyant sur une foule d'impulsions, d'émotions et d'idées, mélange de raisonnement et de *gut feeling*. Et ce qui commande tout cela depuis les coulisses, c'est essentiellement la hiérarchie de valeurs que nous nous sommes inconsciemment construite.

Ce sont nos lunettes, ou plutôt nos lentilles, qui grossissent tel aspect et n'aperçoivent pas tel autre, nous rendent sensibles à cette émotion-ci tandis qu'elles nous poussent à combattre cette pulsion-là.

En retour, comme par une boucle rétroactive, notamment en créant des habitudes, ces petites décisions font insensiblement évoluer notre vision du monde, affermissent ou transforment notre liste inconsciente de priorités. Cet échange subtil entre notre vision du monde et les décisions que nous prenons ne s'arrête jamais.

Descendre de son balcon

Nous ne sommes pas faits pour rester de simples spectateurs de notre vie, tandis qu'un programme inconscient pilote de lui-même toutes nos décisions, nous demandant vaguement notre avis libre de temps à autre. Nous ne sommes pas faits pour rester sur le canapé, mais pour aller jouer sur le terrain, pour quitter le balcon et descendre dans la rue !

Nous avons le pouvoir fascinant de donner à notre vie la forme que nous voudrons. Beaucoup de choses nous arrivent sans que nous les ayons choisies, et cela peut être difficile. Mais même alors, nous avons toujours le choix de la *façon* dont nous voulons vivre ces événements : de la forme qu'ils auront à nos yeux, de la couleur que nous leur laisserons donner à notre intériorité. Certaines personnes ayant traversé de grandes épreuves témoignent ainsi de la force de la liberté intérieure qui subsiste même dans ces moments, et a le pouvoir de les transformer jour après jour. Chaque petit choix est comme un léger coup de burin donné dans un grand bloc de pierre dont émerge peu à peu ce qui sera notre vie. Il n'y a pas de prédestination, notre vie n'est pas écrite à l'avance : nous participons à son écriture. On dit que devant un bloc de marbre brut qu'il s'apprêtait à attaquer, Michel-Ange disait qu'il voyait déjà l'ange caché à l'intérieur : « Il n'y a plus qu'à le faire sortir. » Et nous, que voyons-nous en regardant le bloc de marbre encore mal dégrossi de notre vie ? Nous sommes libres de le travailler à notre façon.

Du moins est-ce le cas si nous nous emparons nous-mêmes du burin, et si nous savons à peu près quelle image nous voulons graver. À vrai dire, nous avons déjà commencé à sculpter, mais souvent sans savoir quel projet guidait notre bras. Pourtant, il y en a déjà un, bien établi. Si notre vie reste souvent mystérieuse et incompréhensible pour nous-mêmes, c'est parce que la vision du monde qui guide notre liberté et façonne ainsi notre vie nous reste largement inconnue. Elle est secrète, même pour nous-mêmes ! D'où l'impression frustrante que nous avons parfois de ne pas pouvoir faire autrement... tout en souhaitant justement qu'il soit possible d'orienter différemment notre façon de vivre les choses.

Ce que je te propose en t'écrivant ces quelques lignes, c'est d'aller l'un et l'autre à la rencontre de ce mystère : nous-mêmes. Je ne prétends pas donner les réponses à toutes ces questions étonnantes sur l'orientation à donner à notre vie ou le sens à trouver à notre existence. Je te les pose librement justement parce qu'elles m'interpellent autant que toi. À chacun de nous de trouver leur écho dans sa propre vie, ses relations, sa foi... Je voudrais essayer de découvrir quelles sont les lentilles que nous portons, et comment elles guident secrètement notre vie. Ce que je te propose, c'est d'arrêter le pilote automatique et de te demander qui devrait tenir le volant.

Je suis le capitaine de mon âme.

Nelson Mandela

Première partie

Quelle est ma vision de la vie ?

La vision est l'art de voir les choses invisibles.

JONATHAN SWIFT

Une vision qui ne s'accompagne pas d'action
n'est qu'un rêve, une action qui ne découle pas
d'une vision n'est que du temps perdu,
une vision suivie d'action peut changer le monde.

NELSON MANDELA

« N'ayez pas peur ! » De quoi faut-il ne pas avoir peur ?
Avant tout de faire la vérité sur nous-mêmes.

JEAN-PAUL II

Si peu doué qu'il soit, si modeste que soit sa situation
dans la vie, tout homme sent le besoin naturel
de se former une conception de la vie,
une idée de la signification et du but de la vie.

SÖREN KIERKEGAARD

S'il est vrai que personne n'est obligé de spéculer,
il n'y a pourtant presque personne qui n'ait *ses idées*
sur la vie et ne se croie autorisé à les appliquer.

MAURICE BLONDEL

Chapitre 1

Il y a déjà un pilote dans l'avion

Un inconnu aux commandes

Une histoire personnelle

Je me souviens d'une dispute avec mes parents, alors que j'étais adolescent. Ma bande d'amis se retrouvait pour une soirée à laquelle je voulais rester dormir, tandis que mes parents tenaient à ce que je rentre – au point de vouloir venir me chercher eux-mêmes au bout du monde à deux heures du matin. À l'époque, cela m'avait paru suffisamment important pour justifier de me disputer avec mes parents.

Il m'a fallu un certain temps pour repérer le schéma à l'œuvre dans mes émotions et prises de décisions. J'ai fini par comprendre que j'avais mis, sans m'en rendre compte, les temps avec mes amis tout en haut de mon échelle de priorité. Pour le dire autrement, j'avais inconsciemment décidé que ces moments étaient pour moi le moyen numéro un d'atteindre le bonheur. À ce titre, ils pouvaient être recherchés à n'importe quel prix. Mes lunettes déformaient tant leur importance que la perspective de manquer une telle occasion me mettait dans un état de grande tension intérieure : tout cela devenait un peu hors de proportion – comme dans cette dispute, finalement un peu absurde, avec mes parents.

J'ai commencé à vivre différemment le jour où j'ai compris que je ne voulais pas placer ces moments tout en haut de mon échelle de priorité. Le bien ultime que je veux poursuivre, ce n'est pas de passer un maximum de temps avec ma bande d'amis. Je veux être capable d'être heureux aussi tout simplement avec moi-même, de m'engager dans des projets qui ont du sens pour moi (même s'ils me font louper ce fameux week-end prévu depuis des lustres...) ; ce qui n'empêche pas que cette vie amicale reste très importante pour moi ! Je préfère aussi la remettre en perspective : une heure en plus ou en moins avec quelques amis ne vaut pas la peine de se brouiller avec d'autres personnes que j'aime. Bref, en prenant conscience que j'avais chaussé une paire de lentilles qui ne me convenait finalement pas, j'ai petit à petit fait évoluer ma vision de ce qu'était le bonheur. J'ai changé le programme de pilotage.

Le pilote automatique

Chercher le sens de sa vie commence donc par comprendre qu'une représentation inconsciente de ce sens conduit mon existence aujourd'hui. Si une dissertation de philosophie sur le thème « Qu'est-ce que le bien ? » ou « Pour quoi l'homme est-il fait ? » nous laisserait peut-être sans mots, chacun de nous a en fait déjà au fond de lui une réponse assez claire à ces questions. Ou plutôt : chacun vit aujourd'hui en fonction d'une certaine réponse informulée à ces questions. Pour le constater, il suffit de repartir de notre expérience.

Au début de cette année, tu t'es probablement posé la question des activités que tu allais mener. Si tu es comme moi, tu as eu un peu de mal à tout faire rentrer dans ton agenda… Que garder ? Est-ce que je continue le jogging tous les samedis matin ? Ou alors le club de hand le mardi ? Ce serait bien de se garder une soirée couple chaque semaine… Mais alors qu'est-ce que je fais sauter à la place ?

Est-ce que je garde l'abonnement cinéma ? Un soir par semaine pour l'association, ce n'est pas assez… Est-ce que je n'en ferais pas un peu plus ? Bon gré mal gré, nous finissons par prendre des décisions sur toutes ces questions. Nous faisons des choix. Et ces choix, nous les faisons en fonction d'*une certaine représentation de ce qui est bon*, de ce qui est souhaitable, du but qui mérite d'être poursuivi.

Avant même de définir ce but, notons qu'une telle représentation du bien peut avoir pour nous des sens bien différents. Elle signifie peut-être « chercher ce qui est bon pour moi », ou alors « ce que je dois faire », ou encore « ce dont le monde a besoin ». Choisir une de ces perspectives plutôt qu'une autre revient déjà à prendre une certaine option, qui n'a *a priori* rien d'évident. Si je dois choisir entre ce qui me fait plaisir (le club de hand du mardi soir) ou ce qu'on me dit que je dois faire (mes vieux parents qui me demandent de passer les voir justement le mardi soir), que mettre en priorité ? Quelle que soit la réponse pratique que nous donnons à cette question, ce qui compte ici, c'est que *nous avons une priorité*.

« Oh mais peu importe ! nous disons-nous peut-être. Je ne me prends pas la tête comme ça, je fais au feeling. » Effectivement, heureusement que nous ne pesons pas dans le détail chacune de ces décisions, ce serait invivable. Mais précisément, lorsque nous laissons faire le « feeling », le choix instinctif, c'est le pilote automatique qui prend les commandes. Et que fait-il ? Il exécute le programme que nous lui avons demandé de retenir.

Le fait que nous prenions avec simplicité toutes ces décisions nous montre justement qu'il y a déjà un pilote aux commandes, et qu'il ne choisit pas au hasard – d'où l'importance de bien le programmer en amont. Bien plus que notre discours philosophique, ce sont nos actes qui parlent pour nous. Un discours, une pensée, peuvent rester une simple parole en l'air ou une pétition de principe. Nos actes, eux, sont bien réels. Tout au long de cette quête intérieure, mieux vaut interroger ces derniers, plutôt que nos belles paroles, pour trouver ce qui est caché au secret de notre cœur. Tu veux savoir quelle est ta vision de la vie ? Dis-moi comment tu agis, et je te dirai ce qu'elle est.

Nous constatons donc que les choix que nous avons faits et continuons à faire dessinent déjà une réponse à la question du but de notre vie. Ils nous montrent ce que nous recherchons plus ou moins consciemment, c'est-à-dire l'idée du bien ou du bonheur que nous portons déjà en nous.

Le dessein de notre vie

Destination finale

Le bonheur. En voilà un grand mot. Qu'est-ce que le bonheur ?[3] Ici, nous pouvons nous contenter de dire que c'est ce que nous recherchons, le but que nous poursuivons, quelle que soit sa forme. Certains disent : « Le bonheur n'est pas une destination, mais une façon de faire le voyage, un état d'esprit. » Pourquoi pas ! À vrai dire, cela ne change pas vraiment notre propos ici : dans tous les cas, je poursuis quelque chose – par exemple, cet état d'esprit, cette « façon de faire le voyage ».

Cette notion de destination nous permet de préciser ce qu'est une « vision de la vie ». L'idée que nous nous faisons du bonheur à rechercher en est un élément déterminant : l'idée concrète, avec son contenu propre, différent.

Une vision de la vie, ce n'est donc pas une idée vague. Être optimiste par exemple. On peut être optimiste parce que l'on pense que la science va bientôt permettre de tous nous transformer en cyborgs ultra-technologisés avec un disque dur à la place du cœur. On peut être optimiste parce que l'on pense que l'effondrement écologique va nous ramener à un âge primitif du monde où tout sera plus simple, notre mode de vie comme nos relations. On peut même être un optimiste cynique : « Le monde peut s'écrouler (ce qu'il fera sûrement), tout le monde peut mourir et s'en aller à sa perte (souhaitons-le), peu importe : je me suffis à moi-même. » Voilà trois optimismes bien différents.

Ce qui importe, ce n'est pas d'abord l'idée vague, mais son contenu, son *pourquoi*. Une vision de la vie n'est pas d'abord une question de style (optimiste, pessimiste, positif, courageux...), mais de destination. Si la vie est un voyage, un chemin, elle va quelque part. Si nous marchons au long des mois et des années, nous allons dans une certaine direction. Notre vision de la vie est notre boussole. Elle nous indique la direction à suivre.

Quelle est la destination vers laquelle je marche ?

Bien sûr, la réponse à cette question est rarement parfaitement tranchée. Il y a plutôt un mélange d'éléments divers. Leur ensemble dessine un vaste tableau, où certains détails sont relégués à l'arrière-plan, tandis que d'autres aspects occupent l'espace central, celui qui organise tout le reste. Ce tableau, c'est notre façon de vivre qui le dessine. Et en retour, il dessine à son tour la personne que nous sommes... et devenons de plus en plus.

Découvrir sa propre boussole

Maintenant que nous y voyons un peu plus clair, nous pouvons chacun essayer de préciser selon quelle vision de la vie nous vivons aujourd'hui. Non pas d'après nos grands idéaux, mais d'après nos actes. Comme il n'est pas toujours facile d'y voir clair, je trouve qu'une bonne piste est de se pencher sur quelques questions précises, et de prendre le temps de répondre très tranquillement à chacune d'entre elles, par exemple en notant nos réponses sur un papier. En prenant un peu de recul sur nos réponses, nous commençons à voir se dessiner les traits principaux d'une image d'ensemble : le tableau dont nous parlions à l'instant. Voici quelques pistes qui, à mon avis, permettent de faire émerger les aspects principaux de notre vision de la vie :

- Quels sont les moments où j'ai été le plus heureux ? Qu'est-ce qui me donne de la joie ?
- Qu'est-ce qui me met en colère ?
- Pour quoi est-ce que je dépense mon argent ?
- Qu'est-ce que je fais de mon temps libre ?
- Quel type de spiritualité a une place dans ma vie ?
- Si je devais tout quitter pendant deux ans pour servir une cause ou une personne, quelle

serait-elle ? Et aujourd'hui, quel temps est-ce que je consacre à cette cause ou cette personne ?

- Sur mon lit de mort, j'aimerais me dire que…
- Si je devais changer une chose dans ma vie, qu'est-ce que ce serait ? Et aujourd'hui, qu'est-ce que j'essaye de changer dans ma vie ?

Nos réponses à ces questions sont comme des symptômes qui révèlent une certaine représentation du bonheur et du sens de la vie : celle que nous portons aujourd'hui. Pour reprendre une autre image, on peut dire que le plan de vol de notre pilote automatique se révèle incidemment par sa réaction à ces différentes situations.

Dis-moi quel est ton credo…

Ces questions nous ont permis de dresser un panorama général. Mais toutes n'ont pas la même importance. Pour réellement découvrir quel est ton pilote automatique et ne pas rester à la surface, je te propose de creuser un peu plus deux de ses aspects essentiels.

Après quoi courons-nous ?

De toutes les questions que nous nous sommes posées, et puisque nous cherchons à mieux cerner le sens de notre vie, la plus importante est : quel est l'objectif que je poursuis ?

Pour le dire autrement : à quoi est-ce que je consacre mon énergie, mes ressources et mes talents ? Qu'est-ce qui occupe mon esprit ? Il existe toutes sortes de réponses à cette question : une réussite professionnelle, le salut de la planète, une reconnaissance de ma valeur, un nombre le plus important possible de moments de plaisir et de loisir, l'épanouissement de ma relation amoureuse... Chacun d'entre nous peut formuler sa réponse à sa façon.

Ça y est, tu as ta réponse ? Il est intéressant maintenant de comprendre ce qui la motive, ce qui m'attire réellement et m'a fait choisir une telle orientation pour ma vie :

- Pourquoi ce but mérite-t-il d'être poursuivi ?
- Qu'est-ce qui changerait si je l'atteignais ? Et après, que ferais-je ?

Cela me rappelle une anecdote que l'on raconte au sujet de Philippe Néri, un homme plein de sagesse et d'espièglerie qui a vécu à Rome au XVIe siècle. Il a montré tellement d'amour pour les pauvres, et notamment les enfants livrés à la rue et forcés à travailler dès leur plus jeune âge, qu'il a ensuite été reconnu par l'Église comme un grand saint, et même surnommé « le saint de la joie ».

Dans la scène à laquelle je pense, plusieurs personnages de toutes origines sociales se retrouvent un jour à table autour du vieux Philippe. L'un d'eux est l'héritier d'une grande famille. Il annonce soudain à l'assemblée : « Mes amis, j'ai décidé d'embrasser la carrière ecclésiale ! » Philippe le regarde, un peu amusé, en sachant que dans l'Église on ne fait pas carrière, et lui demande :

– Ah oui ? Quelle belle nouvelle ! Et pourquoi as-tu pris cette décision ? Qu'en espères-tu ?

– Eh bien je serai sans doute prêtre un certain temps, mais ensuite… j'espère devenir évêque !

– Ah ! Mais… et ensuite ?

– Euh… peut-être pourrai-je devenir cardinal ?

– Sans doute… et ensuite ?

– Eh bien… Je n'en sais rien. Pape peut-être ?

– Mmh… Et ensuite ?

Le jeune homme le regarde, un peu excédé.

– Eh bien je mourrai, comme tout le monde !

L'assemblée partit alors d'un grand éclat de rire : la leçon du vieux sage était claire… Sans doute s'inspirait-elle de la question de Jésus de Nazareth : « À quoi sert à un homme de conquérir le monde si c'est au prix de sa propre vie ? »

Cet enseignement est bon pour nous aussi. Pourquoi courir après le but que je me suis fixé ? Pour le dire autrement :

Serai-je vraiment comblé par ce que je poursuis ?

Si nous avons des difficultés à préciser ce but, nous pouvons retourner la question précédente pour nous demander : Qu'est-ce qui pourrait vraiment me combler ?

Pourquoi vouloir préciser ce but que nous poursuivons ? Parce que ce qui donne une direction à notre vie ne peut rester indéfiniment flou. *Ce qui donne du sens à notre vie ne peut pas en être dépourvu.*

Changer de boussole

En précisant peu à peu au fil de notre quête intérieure la nature de notre vision de la vie, l'orientation de la boussole en fonction de laquelle nous vivons, on se rend parfois compte qu'on n'est pas d'accord avec elle !

Je peux par exemple m'apercevoir que certains choix que j'ai faits, comme mettre ma carrière en premier, prendre soin de moi pour m'épanouir, développer mes talents… ne laissent plus aucune place à une relation amoureuse. Je n'ai pas particulièrement l'impression d'avoir pris une telle décision, mais j'en ai pourtant fait une quantité négligeable dans mon programme de pilotage.

Peut-être vais-je alors comprendre que je ne suis pas d'accord avec ce choix ! Une relation amoureuse solide et durable me semble être quelque chose d'essentiel, qui vaut la peine d'être recherché et vécu, quitte à faire certains sacrifices. Alors je décide – consciemment cette fois – de changer de programme de vol, de donner une nouvelle direction à ma boussole… et donc de vivre en fonction de cette nouvelle perspective. C'est ce que nous allons explorer maintenant.

Qui commande le pilote ?

« C'est objectif !
– Vraiment ? »

Si nous avons déjà fortement souligné que notre propre vision de la vie demeurait très souvent inconnue pour nous-mêmes, jusqu'ici il semblait que nous en étions tout de même essentiellement les maîtres. N'est-ce pas nous qui, lorsque nous en avons conscience, la modifions à notre guise ? Nous qui la faisons évoluer à notre guise selon les circonstances, à partir de notre observation du monde, d'autant plus objective que nous devenons plus conscients de nos émotions, de nos désirs et de nos pensées ? Il est temps de remettre tout cela en perspective.

Commençons par exemple en reprenant la liste de questions que nous venons de parcourir. La plupart d'entre nous partons du principe que nos réponses sont *normales*. Peut-être pas au sens où les autres répondraient forcément de la même façon que nous, mais alors c'est parce qu'ils ont des personnalités particulières, des opinions un peu extrêmes… Notre façon de répondre est celle qui est « normale », la plus évidente, celle qui est d'ailleurs plus ou moins instinctive, non ? N'est-ce pas une simple question de bon sens ?

Nous nous sommes tellement approprié notre vision du monde que *notre* façon de voir les choses nous paraît être un point de départ évident, un point de départ *neutre*.

En réalité, il n'y a pas grand-chose d'évident ! La vision de la vie que nous venons de dessiner a de multiples origines : elle vient de nos idées personnelles, de nos lectures, de nos amis, de nos parents, de la culture qui nous environne, de notre histoire, des expériences qui nous ont marqués, de notre caractère, de nos émotions et pulsions, et de mille autres choses encore. C'est une construction incroyablement complexe. Mais surtout, surtout, c'est la vision que nous avons *adoptée*. Elle n'a donc rien de neutre.

Prenons un exemple. Lorsqu'on discute de politique entre amis (ou pire : à table avec sa belle-famille), on considère généralement que celui qui vote pour le même parti depuis cinquante ans est forcément partisan. « Son avis n'est pas objectif. » Évidemment, ça n'est pas tout à fait faux : le souvenir des dix dernières tirades politiques de notre père nous montre que c'est même plutôt vrai. Pour autant, celui qui n'a pas de parti n'est pas non plus dans une position neutre ! Qu'il soit un désabusé de la politique persuadé qu'on ne pourra de toute façon pas changer grand-chose, ou qu'il affirme s'appuyer sur sa propre réflexion, nourrie par tel journal ou tel podcast, il a lui aussi un certain parti pris. Il adopte une perspective singulière qui n'a rien de neutre, donnant une structure et un relief particulier à sa vision du monde. Il en va de même dans une infinité d'autres cas, par exemple en ce qui concerne la foi et la spiritualité.

Le vrai voyant est celui qui voit en relief

Faut-il en déduire que n'étant pas neutre, toute opinion est nécessairement faussée ? Loin s'en faut !

Nous considérons souvent que celui qui a un parti pris ne peut pas être objectif. Pour voir la réalité comme elle est, il faudrait avoir un regard neutre, qui regarde chaque aspect du réel de la même façon, sans hiérarchie. Un regard qui mette à plat. Pourtant, dans notre expérience concrète, celui qui a adopté une position particulière forte est souvent celui qui connaît le mieux la réalité. Pensons par exemple à un couple d'amoureux qui vivent ensemble depuis des années. Évidemment, il serait difficile de défendre qu'ils ont un point de vue neutre l'un sur l'autre. Il est au contraire façonné par des années de vie commune, de moments partagés, et surtout, espérons-le, d'amour bien vivant ! Pourtant, si lui traverse un moment de joie ou de souffrance intense, n'est-ce pas elle qui sera la mieux placée pour comprendre ce qu'il vit, les ressorts intimes que touche cette émotion, plus que celui qui prétendrait adopter un regard scientifique, objectif ? Pas seulement parce qu'elle a passé du temps avec lui, mais précisément *parce qu'elle l'aime*. À quel point la vie du petit bébé ou celle du vieux grand-père est précieuse, la profondeur et la justesse des aspirations de l'adolescent, le regard « neutre » est incapable de l'appréhender : seul celui qui est fort d'une claire perception de ces réalités et de leur place en ce monde le peut.

La vision la plus acérée n'est pas celle qui met à plat, mais celle qui peut voir en relief.

Avoir choisi une perspective particulière, fût-elle particulièrement originale ou extrêmement tranchée, n'a donc rien d'infamant. Cela ne signifie pas qu'elle nous empêche de voir la réalité comme elle est. Au contraire : seule une perspective particulière peut nous montrer la réalité dans toute sa profondeur. C'est d'ailleurs une question que l'on peut poser à sa vision :

**Me rend-elle capable de voir
le monde dans toute sa profondeur,
ou me rend-elle aveugle à certaines choses ?**

À vrai dire, à peu près toutes les visions ont leurs points aveugles. Seule celle qui serait « la vision véritable du sens du monde tel qu'il est » n'en aurait aucun, et les mettrait tous en lumière. Il est d'autant plus intéressant de nous demander quels sont les nôtres...

Enfin, cette relativisation de la perfection de notre vision ne signifie pas que celle-ci soit arbitraire, une paire de lunettes qu'on aurait choisie indifféremment sur un étalage. Si j'ai choisi cette perspective-ci, si je marche à travers ma vie dans cette direction, c'est pour certaines raisons, qui me semblent être bonnes, et dont je pense qu'elles me correspondent. La question cruciale est donc de savoir ce qui m'a fait prendre ce choix de vie.

Et les autres ?

Nous pouvons être certains que notre objectif est absolu, il ne s'agit pas de relativiser. Néanmoins, celui qui accepte en même temps que sa perspective n'est pas neutre sera capable de s'intéresser un peu plus à celle des autres. Même si nous nous opposons à cette autre vision – il est bon de défendre son credo et ce que nous pensons absolu –, elle constitue un enrichissement et peut même éclairer l'un de nos points aveugles.

Cette confrontation aux autres n'est pas seulement intéressante pour la complémentarité qu'elle nous apporte. C'est même l'aspect opposé qui va être important pour nous dans ce qui va suivre : le fait que beaucoup d'autres, et notamment nos proches, partagent *la même vision de la vie* que nous. Nous n'avons pas forgé tout seuls notre vision : nous héritons des idées les uns des autres. Nous avons été façonnés par la vision de nos parents, celle de notre milieu social, des groupes que nous fréquentons… Les sources sont innombrables ! Si une vision de la vie est comme une paire de lunettes, alors le monde est rempli d'opticiens.

Ces idées nous sont parfois transmises par les autres depuis si longtemps que nous ne nous rendons même pas compte qu'elles sont acquises, et non innées. Elles exercent toutes sortes d'influences sur notre vie, sans que nous ayons eu franchement le temps de réfléchir à chacune d'entre elles une par une. Ces idées que nous avons intégrées ressemblent à : « Il faut dire bonjour madame et s'il vous plaît monsieur », « La science a vraiment permis à l'humanité de progresser : il n'y a qu'à voir le changement par rapport au Moyen Âge », « Kennedy était un gars sympa », « Il n'y a pas de fumée sans feu », « Le premier pas sur la Lune est un montage », « Pour mériter d'être aimé des autres ou de Dieu, je dois remplir telle ou telle condition », etc.

Bref, dans toutes les idées auxquelles je crois et qui dirigent ma vie, il y en a un sacré nombre que je crois tout bêtement parce qu'on m'a dit d'y croire. Et étonnamment, cette idée n'a rien de plaisant…

Nous voilà forts d'une compréhension beaucoup plus claire de ce qu'est notre vision du sens de la vie. Nous avons pu préciser un peu celle qui commandait inconsciemment notre existence jusqu'ici, notre pilote automatique, et surtout comprendre ce qu'était une telle vision : non pas un vague état d'esprit, mais une représentation concrète du but que nous cherchons à atteindre à travers toute notre vie, orientation qui guide nos actions et nos choix. Si nous avons pris soin d'y mettre un bon programme, ce pilotage automatique peut être une grande force pour mener notre vie vers le but choisi ! Mais beaucoup d'éléments de notre programme viennent aussi simplement des autres par imprégnation. Au point de dire que nous ne faisons que reproduire ?

Chapitre 2
Qui a envie d'être enfermé ?

> *« L'homme est toujours le même : les systèmes qu'il crée sont toujours imparfaits, et d'autant plus imparfaits qu'il est sûr de lui. »*
>
> Jean-Paul II

La peur d'être enfermé

Ce dont nous ne voulons pas

Parmi les nombreuses idées que nous partageons avec les autres, qui nous environnent et que nous respirons au même titre que l'air qui nous entoure, à la fois invisible et omniprésent, il y a celle-ci : le refus de se laisser enfermer dans un système[4]. Nous ne nous penchons peut-être pas souvent sur toutes ces questions, mais lorsque nous le faisons, il y a une chose dont nous sommes sûrs, c'est que nous ne voulons surtout pas de réponses toutes faites ! Et si cela nous pousse à prendre du recul et à toujours chercher à mieux comprendre, alors c'est sans doute une des grandes qualités de notre monde moderne – qui nous inspire ce refus, nous le verrons. C'est de ce constat de refus que nous pouvons partir.

On pourrait disserter longuement sur l'origine de ce refus des systèmes de pensée, finalement assez récent. Cette attitude est parfois étonnante pour une époque qui repose largement sur des systèmes : systèmes technologiques (internet), sociaux (la laïcité), politiques (les fameuses « valeurs de la République »), mais aussi philosophiques (la foi dans la puissance de la science et de sa « connaissance objective », le mythe du progrès, etc.) ou économiques (le système capitaliste). Malgré tout, les expériences idéologiques et les lavages de cerveau du siècle précédent nous ont quelque peu échaudés, et nous sommes devenus héritiers du fameux « il est interdit d'interdire ».

Ce refus catégorique, qui revendique une pensée autonome, nous a appris à nous méfier comme de la peste de tout ce qui nous paraît ressembler de près ou de loin à un système. Dès qu'une idée nous semble chargée de vagues relents de « on a toujours fait comme cela » et « il *faut* faire comme ceci », bref d'idée imposée, nous la disqualifions immédiatement comme inacceptable. Les religions, par exemple, avec tout leur système hiérarchique, liturgique et dogmatique, nous semblent particulièrement suspectes, voire carrément inadmissibles. Même les croyants gardent souvent une forme de méfiance suspicieuse vis-à-vis de tout ce qui ressemble à de l'institutionnel, à des idées servies par d'autres. Recevoir d'en haut une grande liste de vérités toutes faites qu'on n'aurait qu'à accepter en bloc sans réfléchir, pour ensuite les répéter comme un modèle universel, très peu pour nous.

Le constat peut sembler paradoxal, après avoir vu précédemment que nous acceptions en bloc beaucoup d'idées de notre culture sans les remettre en cause. S'il y a effectivement un paradoxe, c'est que tout cela est en réalité d'abord une question d'image…

Une question d'image

J'y pense souvent lorsque j'ai une discussion sur la foi avec des amis – discussions toujours passionnantes. Certains, sans être croyants, se sentent assez proches du christianisme. Ils me disent souvent quelque chose comme : « Il y a vraiment des belles choses dans la foi chrétienne et la figure de Jésus, mais je ne suis pas très à l'aise avec l'Église. Je me sentirais plus proche des protestants. » Bien sûr, eux et moi pensons alors rarement aux trente-trois chapitres de la déclaration de foi de Westminster des églises presbytériennes, à la stricte morale des puritains, ou aux débats théologiques animés que la théologie protestante entretient autour des doctrines de la consubstantiation ou de la prédestination.

D'autres de mes amis me disent parfois quelque chose comme : « Les grandes religions révélées (judaïsme, christianisme, islam) sont trop systématiques, je me sens plus proche des spiritualités orientales comme le bouddhisme, on s'y sent plus libre. » Là non plus, ni moi ni eux ne connaissons réellement les deux cent cinquante-trois règles que les *bhiksus*, les « moines » bouddhistes, s'engagent à respecter, les cinquante-huit vœux pris par les bodhisattvas, les dizaines de milliers de pages des textes canoniques que les *bhiksus* étudient pendant de longues années, ou les oppositions doctrinales sur l'immédiateté de l'Éveil entre les mouvances Mahāyāna et Hīnayāna.

Bref : ce n'est pas tant la *vision du monde* de ces différents mouvements qui est attirante, mais plutôt *l'image* (juste ou non) qu'elles renvoient : en l'occurrence celle d'une spiritualité libre, sans règles. Le protestantisme ou le bouddhisme ont souvent cette image de pensées auxquelles on pourrait adhérer sans trop de conséquences. Dans le sens inverse, le catholicisme est affublé d'une image très rigide. En réalité bien sûr, l'une et l'autre perception dépendent bien davantage de notre méconnaissance de ces religions – ou de l'image déformée qu'en renvoient ceux qui s'en revendiquent – que de leur identité propre. Nous tombons d'ailleurs souvent d'accord pour dire que l'image des diverses religions a joué dans notre débat plus que leurs véritables foi et spiritualité !

Mais le point important n'est pas ici de discuter le lien entre les images renvoyées et les visions réelles. J'ai choisi cet exemple des religions car il me semble particulièrement pertinent pour montrer combien notre refus pulsionnel de tel système de pensée au profit de tel autre ne dépend pas tant du caractère réellement systématique de la vision proposée que de *l'impression* qu'il fait sur nous. Notre principe de refus repose donc sur un *ressenti*, que la suite nous permettra de mieux comprendre.

En réalité, nous savons tous qu'il est impossible de chercher à proposer une vision cohérente du monde sans nécessairement structurer ses idées et les organiser entre elles, et proposer d'une façon ou d'une autre un mode de vie qui corresponde à cette vision.

On peut d'ailleurs facilement multiplier les exemples. Sur les questions politiques ou philosophiques, nous sommes aussi très méfiants à l'égard de tout ce qui apparaît trop tranché, trop monolithique, et des groupes où tout le monde semble penser de la même façon. Les mécaniques rhétoriques bien huilées revenant sans cesse à quelques principes fondamentaux ne nous inspirent pas confiance. C'est peut-être une des raisons pour laquelle le mouvement écologique peine parfois à convaincre les sceptiques, malgré toute l'évidence scientifique qui le soutient, ou plutôt à cause d'elle. Nous rechignons à accepter quelque chose d'aussi implacable, d'aussi systématique, qui semble avoir une réponse toute faite – et identique quel que soit l'interlocuteur – à toutes les questions et objections. Rentrer dans la sphère écolo, c'est pénétrer dans un monde où l'on pense et agit en fonction de certaines idées bien tranchées, d'une vision de la vie définie et systémique… ou du moins est-ce notre impression.

Échaudés par l'expérience terrible des durs systèmes politiques du siècle passé, nous refusons désormais toute vision qui nous semble vouloir s'imposer d'elle-même dans son ensemble, quelle que soit la sphère concernée (philosophique, politique, religieuse)… et la réalité de ladite vision.

Ce que nous recherchons réellement

Depuis le début de ce texte, nous prenons du recul sur nos idées-réflexes, pour comprendre comment fonctionnent les lunettes avec lesquelles nous percevons le monde, et saisir quel est le but que nous poursuivons réellement en agissant comme nous agissons. Nous venons aussi de noter que ce que nous pensions être un refus des systèmes enfermants cache en réalité autre chose, puisqu'il ne s'attaque pas réellement à ces derniers mais à l'image que nous nous en faisons. Essayons de comprendre ce qui se cache derrière cette idée : cela nous révélera un aspect essentiel du « but à poursuivre » que nous partageons presque tous.

Il me semble qu'en réalité, nous voulons pouvoir *penser en comprenant ce que nous pensons, et pourquoi nous le pensons*. Rien de plus infantilisant que de recevoir passivement des idées conçues par d'autres. D'une certaine manière, nous voulons que notre pensée sorte de l'enfance, l'âge où l'on reçoit tout des autres avec confiance. Nous désirons qu'elle entre dans la vie adulte, c'est-à-dire avoir une vision responsable d'elle-même qui nous permette de faire nos propres choix.

Nous aspirons donc à passer de l'enfance à l'âge adulte – et nous avons bien raison : c'est d'ailleurs essentiellement ce que nous essayons d'accomplir ici ! Inévitablement nous passons par l'adolescence, et nous agissons comme tout adolescent qui se respecte : nous remettons vigoureusement en cause tout ce qui nous paraît imposé de l'extérieur. Comment l'homme peut-il accepter de vivre ainsi en reproduisant un modèle ? ! Les adolescents, nous le savons, ont parfois le don pour mettre le doigt sur certaines faiblesses des adultes, leurs conformismes mous, leurs manques d'appropriation de la vision du monde selon laquelle ils vivent... Cette démarche adolescente est donc très fructueuse – tant qu'elle permet effectivement de bâtir quelque chose de nouveau, c'est-à-dire de devenir adulte.

Nous sommes fiers de notre résistance face aux totalitarismes de la pensée, résistance qui ne nous paraît pas dénuée d'une forme d'héroïsme. D'une certaine façon en effet, c'est toujours seuls que nous nous opposons à la vague. Seuls, puisque, nous semble-t-il, nous ne nous appuyons que sur notre pensée personnelle et autonome alors que le système pense en bloc. Il s'agit, en somme, d'une manière de défendre notre dignité. Cette dignité qui interdit la démission de la liberté personnelle et des capacités de réflexion, qui s'indigne de se voir traitée comme un mouton anonyme d'un vaste troupeau[5].

Voici donc ce que nous voulons véritablement. Pouvoir en adulte formuler nous-mêmes notre pensée, la défendre et la justifier par nos propres moyens, avec toute son originalité, son unicité, sa personnalité propre. *Prendre nous-mêmes la responsabilité de notre vision du monde.* Voilà un objectif ambitieux. Et pour accéder à une pensée adulte, il va nous falloir débusquer ce que l'adolescent n'a pas encore su voir.

> *Tous les hommes naissent comme des originaux, mais beaucoup meurent comme des photocopies.*
>
> Carlo Acutis

Chapitre 3
Qu'as-tu que tu n'aies reçu ?

Un joli paradoxe

Argumenter avec un adolescent

Voilà un sacré défi...

Je me souviens des conversations en famille de mon adolescence. À partir d'un certain âge, j'ai voulu donner mon propre avis à table sur les sujets politiques, sociaux ou religieux, plutôt que de simplement écouter mes parents. Et je vous le donne en mille : généralement, c'était pour contredire ce que disaient ces derniers. Je commençais à prendre conscience de ce que nous avons évoqué dans le chapitre précédent, et je voulais donc penser par moi-même. Plus question d'absorber simplement ce qu'on me disait. Plus encore, je brûlais de partir en croisade contre cette pensée des adultes qui m'apparaissait horriblement figée : tous à répéter les mêmes poncifs en cœur d'une soirée à l'autre... Bref : j'étais ado.

Dès que le discours de mes parents partait dans un sens, je m'empressais donc de prendre le contrepied. Alors, je leur ressortais ce que j'avais lu sur le site de tel ou tel journal (d'un avis opposé au leur), une idée attrapée sur le fil de mon mur Facebook, ou une affirmation d'un de mes amis qui me semblait sacrément originale.

Je voulais à tout prix défendre la « pensée autonome », celle qui pense par elle-même et seulement par elle-même, et pour ce faire... je reprenais toutes les idées qui traînaient dans les médias et la cour du lycée. Infini paradoxe de l'adolescence ! Je suis d'ailleurs prêt à parier qu'à peu près tous mes camarades de classe – du moins les plus revendicatifs – servaient le même discours à leurs parents, défendant avec panache la cause de l'originalité et de l'indépendance... en se copiant les uns les autres. Dans les années qui ont suivi, je me suis amusé à voir mes frères passer par la même phase, reconnaissant parfois textuellement dans leurs discours l'argumentaire que j'avais moi-même lu ou entendu la veille sur tel réseau social.

Qui t'a dit de ne pas écouter ce qu'on te dit ?

Le paradoxe va même un peu plus loin. Ce désir commun à beaucoup d'entre nous de défendre le besoin de l'homme de penser librement, et de fuir ce qui nous *semble* enfermant, d'où nous vient-il ?

En tout cas, nous ne l'avons pas inventé. On pourrait faire une vaste étude de l'histoire de la philosophie pour le prouver, mais je ne veux pas nous embarquer ici dans un tel voyage. Un constat beaucoup plus simple nous permet d'arriver à la même conclusion, qui seule m'importe. Cette idée d'une pensée indépendante est promue par le monde qui nous entoure, soutenue par les médias, supposée par ceux qui nous enseignent, adoptée par nos proches et nos amis. Nous l'avons entendue d'eux, elle nous a plu, nous y avons adhéré.

Bref, l'idée d'une pensée autonome, nous avons eu besoin que d'autres nous l'apportent… jusqu'à ce qu'elle devienne une des idées les plus *mainstream* de notre monde ! Nous approchons du cœur du paradoxe.

Aux origines de notre propre vision du monde

En réalisant qu'un élément important de notre vision de la vie est en réalité un héritage du monde qui nous entoure, nous venons de soulever quelque chose d'essentiel, qu'il va nous falloir approfondir. Nous avons compris que nous vivions chacun selon une certaine idée du sens de la vie, nous avons commencé à préciser cette idée, et la question devient maintenant : d'où me vient ma vision du monde ?

Enfants du monde

Nous avons déjà dit que celle-ci n'est pas tant constituée de nos grandes idées que de nos actes concrets, de notre façon de nous engager (ou pas) dans une relation amoureuse à la manière dont nous occupons nos soirées libres. Commençons dont par là : d'où nous viennent ces modes de vie ? Chesterton nous offre une première réponse :

> *D'un point de vue pratique, suivre son plaisir, c'est simplement suivre la mode. Suivre la mode, c'est suivre la convention. Il se trouve simplement que c'est une nouvelle convention. Danser*

> *au son du jazz, rouler en voiture, les grandes fêtes et les divertissements dans les hôtels, tout cela ne contribue pas plus à la formation d'un goût vraiment indépendant que ne l'ont fait les modes du passé. Si une jeune femme fortunée veut faire ce que font toutes les autres jeunes femmes fortunées, elle va trouver que c'est très drôle, simplement parce que la jeunesse est drôle et que la société est drôle. Elle va se réjouir d'être moderne tout comme sa grand-mère victorienne se réjouissait d'être victorienne. Et à bon droit. Mais c'est se réjouir de la convention et non pas se réjouir de la liberté. Il est parfaitement sain pour tous les jeunes gens de toutes les époques de l'histoire de se rassembler et de se copier les uns les autres avec enthousiasme*[6].

Force est de constater que nos modes de vie sont de près ou de loin hérités des systèmes dans lesquels nous vivons. Nous savons par exemple que nous sommes tous largement soumis au phénomène de la globalisation. Nous avons de plus en plus tendance à nous habiller de la même façon, nous regardons les mêmes films, écoutons la même musique… Être vegan aujourd'hui n'a plus grand-chose d'un choix original, pas plus que de posséder son propre compost : il s'agit plutôt de rejoindre un mouvement d'ensemble, dont on espère souvent qu'il croîtra.

L'une des grandes forces du système économique et médiatique actuel est d'ailleurs d'être capable de transformer absolument n'importe quel phénomène en nouvelle « tendance »… et en nouveau segment-marché typé. En un instant fulgurant, un nouveau Youtubeur, une nouvelle chanteuse, la dernière série d'auteur ou polémique politique est propulsée sous le feu des projecteurs. Les compteurs explosent, tout comme les produits dérivés.

Bien sûr, il existe une variété prodigieuse de tendances, de groupes sociaux et culturels différents. C'est une des grandes richesses de notre société moderne de nous faire prendre conscience de cette incroyable variété en nous mettant à son contact. Difficile aujourd'hui de penser que sa façon de vivre est la seule qui soit valable, comme l'ont pensé tous les peuples de tous les continents pendant des siècles, selon la tendance qui nous est commune à tous « d'appeler barbarie ce qui n'est pas de notre usage », d'après le mot de Montaigne. Malgré ce changement de perspective, nul ne peut pourtant prétendre échapper à cette influence globale.

Il n'y a d'ailleurs rien d'*a priori* mauvais là-dedans. Rien n'est plus naturel pour un phénomène culturel que de se répandre au sein d'une société. On peut évidemment regretter une certaine uniformisation et mercantilisation, et on a raison de le faire. Mais, pensons-nous, tant qu'il ne s'agit que de *playlist* et de couleur de chaussure, ce n'est pas bien grave.

Mais cette influence des tendances globales joue sur des éléments bien plus déterminants de notre vie. Notre choix de métier par exemple. J'ai fait mes études en école d'ingénieur. Il y a quelques dizaines d'années, la plupart des élèves allaient ensuite travailler pour l'État, pour les grandes entreprises françaises telles que Renault, Total ou Dassault, ou encore dans des cabinets de conseil. L'époque valorisait les parcours stables et sûrs dans de grands groupes prestigieux. Aujourd'hui, le monde a changé. Le « fixisme professionnel » est oublié : plus personne n'envisage de passer quarante ans dans la même entreprise en grimpant un échelon de temps en temps. On valorise désormais la flexibilité : le nouvel idéal est celui du jeune ingénieur polyvalent, épanouissant tous ses talents et aspects de sa personnalité dans un espace libre et sans contrainte. Beaucoup trouvent l'idéal de la start-up à leur goût et montent leur boîte à la sortie de l'école, tandis que d'autres décident de changer complètement de parcours pour suivre l'appel de leur cœur : maraîcher bio, architecte, pâtissier ou chef d'orchestre ! Les parcours originaux se multiplient de plus en plus. Chaque génération est orientée par l'idéal de son temps.

Pour prendre un autre exemple, notre façon d'envisager les relations amoureuses n'est-elle pas aussi façonnée par le monde qui nous entoure ? De Tinder aux séries Netflix en passant par les campagnes de pub pour sites de rencontres et par Walt Disney, d'innombrables influences ont joué et continuent à jouer sur notre façon de nous imaginer la relation amoureuse idéale, d'appréhender les relations sexuelles ou d'imaginer ce qu'est une vie sentimentale et sexuelle réussie. Si nous pensons qu'il est « interdit d'interdire », c'est parce que la pensée véhiculée par nos parents, nos proches, nos amis, les médias, les réseaux sociaux, les films et les cours d'histoire nous l'a interdit…

Bref, notre vision du monde et notre façon d'envisager notre propre vie sont fortes de milliers d'idées transmises par la culture ambiante et par nos proches.

L'héritage d'une vision

Évidemment, si notre mode de vie et nos choix concrets sont façonnés par ce que nous recevons des autres, c'est *a fortiori* le cas de la dimension intellectuelle de notre vision. L'un et l'autre sont en réalité tellement liés que ce qui précède l'a déjà largement exprimé.

Autour de nous flotte dans l'air ambiant une myriade d'idées que nous transmet notre environnement et que nous respirons à chaque instant : il faut savoir prendre soin de soi, les choses sont plus compliquées qu'elles n'en ont l'air, il faut s'épanouir pour être heureux, les systèmes sont enfermants, il n'y a pas de mal à se faire du bien, charité bien ordonnée commence par soi-même…

Tous ces jugements sur le monde, toutes ces façons de concevoir la vie, nous les agençons à notre façon plus ou moins personnelle. Comment nous y prenons-nous ? Tout simplement en faisant un tri entre ce qui nous paraît juste et ce qui nous paraît ne pas l'être parmi tout ce à quoi nous sommes confrontés. C'est d'ailleurs ce qu'il y a de plus enthousiasmant dans cette transmission incroyable des idées : nous avons la capacité, grâce à notre liberté, notre intelligence, notre intuition, de faire nous-mêmes le choix parmi toutes ces visions qui traversent le monde. Nous reconnaissons que celle-ci est absurde, tandis que celle-là est particulièrement cohérente avec les autres idées que nous avons adoptées, que telle idée rejoint étonnamment ce que nous souffle notre instinct, tandis que telle autre ne correspond pas à notre expérience de la réalité.

Personne ne peut vraiment prétendre avoir décidé de son propre chef que fonder sa start-up, partir en humanitaire aux Philippines, obtenir un maximum de confort et de loisirs ou épouser la femme qu'il aime était une façon de vivre belle, bonne et pleine de sens. Mais tous, nous sommes capables de chercher à reconnaître si ces visions de la vie correspondent ou non à ce que nous murmure l'humanité qui est en nous.

La rumeur des siècles

Je voudrais te partager en ce sens quelque chose qui personnellement me fascine énormément. Ces idées que nous entendons avant de les faire nôtres ne sont pas seulement celles du monde qui nous entoure, du monde actuel. Elles sont au moins autant celles de nos ancêtres, celles des penseurs des siècles précédents.

Notre vision de la religion, par exemple, est totalement façonnée par les diatribes de Nietzsche et les événements de la Révolution française. Le grand-père de notre grand-père n'était pas né à l'époque, et pourtant les tirades de Robespierre et de Danton sont secrètement gravées dans notre cœur. Nous ne l'avons peut-être jamais lu, mais nous sommes tous nietzschéens. Aucun de nous ne serait le même sans ce que Descartes lui a transmis. Nous vivrions tous d'une façon radicalement différente, passerions nos week-ends autrement, vivrions dans une ville que nous ne reconnaîtrions pas si les conciles de Nicée et de Constantinople, il y a mille cinq cents ans, avaient promulgué un texte différent.

Nous ne les avons jamais lus, jamais entendus, nous ne les connaissons souvent pas, l'Histoire elle-même les a parfois oubliés, et pourtant nous retrouvons sur notre nez les lunettes de nos prédécesseurs, leurs visions, *a priori* et clivages dans le sang qui coule dans nos veines.

> *Chacun de nous porte en soi l'humanité tout entière. Écoutez bien, et vous entendrez au fond de votre âme, dans vos opinions et vos croyances, le sourd retentissement des siècles.*
>
> Victor Duruy

Et moi dans tout ça ?

Pour comprendre maintenant ce que cela signifie pour nous concrètement, je te propose de te pencher sur quelques questions. Leur but est différent des précédentes : si elles peuvent toujours expliciter notre vision de la vie, leur objectif ici est surtout *de mieux comprendre d'où celle-ci nous vient*, et quelles sont les influences qui jouent sur nous. Comme toujours, plus nous donnons une réponse *concrète* aux questions, plus celle-ci sera éclairante.

Commençons par reprendre quelques aspects de notre vision de la vie :

- À quoi ressemblerait ma vie idéale ?
- Dans quel projet aimerais-je m'engager en couple ?
- Le problème essentiel de notre monde / époque est...
- Y a-t-il un Dieu ?

Puis nous pouvons reprendre nos réponses à ces questions, et les interroger en nous demandant :

- Qui d'autre dans mon entourage proche d'une part, et dans le monde au sens large d'autre part, partage cette vision ? Dans quel film, image, livre, journal, la vois-je représentée ?
- Quelles sont les autres idées qui y sont rattachées ?

Par exemple, si ma vie idéale implique une vie de couple longue et heureuse avec mon conjoint, alors je crois aussi que l'amour est fait pour durer toujours (toute une vie), ou encore que le bonheur dépend surtout de la place prise par l'amour dans notre vie. Si je crois que le problème essentiel de notre époque est la crise écologique qui s'annonce, alors je pense peut-être que l'homme est la maladie de ce monde, ou bien que notre bonheur dépend de notre intégration dans notre environnement.

- En fin de compte, d'où me viennent ces visions du monde ?
- Pourquoi les ai-je faites miennes ?

Tu peux aussi faire le même exercice avec cette idée que nous avons un peu plus creusée, celle du désir d'une pensée autonome, ou toute autre idée qui te plaira ou te semblera importante (sur l'amour, l'épanouissement personnel, la religion, etc.).

Chapitre 4

Comment trouver le sens de sa vie

Le véritable enjeu

Correction optique

Arrêtons-nous un instant sur le chemin parcouru. Nous étions partis de notre désir d'une pensée adulte, c'est-à-dire d'une pensée qui prenne ses propres responsabilités, désir caché derrière la revendication d'une pensée autonome et la fuite de ce qui a les *apparences* d'un système. Après un petit parcours, nous comprenons inéluctablement que notre vision de la vie est essentiellement *héritée des autres*. Nous avons besoin de cette transmission pour nous construire.

Bien souvent, notre idée faussée de la pensée autonome nous a conduits à comprendre très simplement une pensée enfermante comme une idée que l'on a reçue d'un autre. Penser bêtement, c'est penser comme les autres. Cette perception, nous pouvons maintenant la corriger.

Une vision du monde cherche forcément une certaine cohérence, et se propage de proche en proche. Cela ne fait pas forcément d'elle une pensée enfermante : elle peut tout aussi bien être enrichissante. L'opposition pensée autonome *versus* pensée transmise, donc enfermante, ne fonctionne pas. Il y a tant et tant de choses que nous faisons et pensons parce que quelqu'un d'autre nous l'a dit et que nous l'avons cru ! Si nous devions retirer de notre vie tout ce qui dépend d'un autre, et ne conserver que ce que nous y avons bâti et choisi en toute indépendance, il ne resterait plus rien ! Puisque c'est vivre en *adultes* que nous voulons, le critère n'est pas la transmission, mais *l'appropriation*. Une vision du monde qui m'est transmise et qui développe ma capacité à réfléchir sur la façon dont je vis ne m'enferme pas : elle m'enrichit. Elle devient enfermante si elle bloque ma capacité à prendre du recul, à raisonner, si elle demeure la vision d'un autre sans réellement devenir *ma* vision.

Vivre et penser bêtement, ce n'est pas vivre de la même façon qu'un autre, c'est vivre ainsi *parce que* les autres vivent ainsi. Quand on reconnaît cette nuance, l'objet de notre quête est transformé. L'enjeu n'est plus de bâtir une impossible vision autonome, mais de trouver ce qui nous enrichit réellement parmi tout ce qui nous est proposé, de nous demander : « Est-ce une vision du sens de la vie que je veux faire mienne ? »

Ou comme le disait mon petit frère du haut de ses cinq ans : « Est-ce que c'est vraiment la tienne de toi ? » (À vrai dire, il nous demandait plutôt : « Est-ce que c'est la tienne de moi ? », mais personne n'a jamais vraiment compris ce qu'il voulait dire.)

L'appropriation

S'approprier une vision, qu'est-ce que cela signifie ? C'est confronter cette façon de vivre à la réalité en se demandant si elle lui correspond. C'est la mettre en regard avec les autres idées que j'ai faites miennes et en conséquence en abandonner certaines ou les confirmer davantage. C'est la mesurer avec mon expérience de la vie, mon humanité, mon intelligence, mon esprit.

Évidemment, nous ne faisons pas passer un examen en règle à chacune des plus petites actions et pensées de notre vie ! D'une part la vie est trop courte pour cela, d'autre part ce ne serait pas une vie très amusante... Mais d'une façon ou d'une autre, parfois en un éclair, ces processus se mettent en route chez celui qui est un homme libre. Il lui faudrait sans doute du temps pour les expliciter, peut-être même pour en prendre complètement conscience, mais il y confronte néanmoins réellement les idées qui l'imprègnent. Et puis, lorsqu'il s'agit des grandes idées, de ce qui fait la vision d'ensemble dont notre vie entière va dépendre, peut-être cela vaut-il la peine de se les approprier plus consciemment ?

Prenons une image. Un manager n'a pas forcément les moyens de connaître chacun de ses employés personnellement si ceux-ci sont nombreux. À vrai dire, il n'a engagé personnellement qu'un tout petit nombre d'entre eux. Pour l'essentiel, ils sont recrutés par son service, d'une certaine façon à son insu (inconsciemment). Mais s'il est un bon manager, il a fait en sorte que le processus de recrutement corresponde à ses attentes. Mieux : d'une façon ou d'une autre, il s'arrange pour connaître autant de ses collaborateurs que possible, même vaguement, même de loin, pour avoir une idée de qui ils sont, d'où ils viennent, de leur personnalité, de leurs appétences. Et lorsqu'il s'agit des postes clés, il s'implique lui-même dans le processus de recrutement des candidats. Ainsi, sans suivre un par un chacune des centaines de personnes qui travaillent pour lui, il est véritablement maître en son domaine : il connaît ses équipes et peut leur faire confiance pour mener à bien seules les tâches qu'il leur confie. À ma façon, je suis le manager des idées qui peuplent mon esprit. Il ne s'agit pas de connaître parfaitement chacune des idées, mais de les appréhender comme le fait ce bon manager, chacune selon son rôle, de façon à pouvoir leur faire confiance. Car la tâche qui leur est confiée n'est rien de moins que de conduire notre vie et de trouver la direction qui lui donne sens.

Si nous ne nous les approprions pas, nous prenons le risque de rester à la surface de notre vie, en spectateurs, la laissant gouvernée par des idées que nous rejetterions si on nous les présentait ouvertement. « *If you don't set your life, life sets you*[7]. »

Un collègue m'avait dit un jour : « Autour de moi, j'ai plusieurs amis qui traversent une phase un peu difficile. À l'école ils étaient bons, ils ont suivi la voie qui leur était toute tracée. Une fois en études supérieures, ils ont enchaîné un stage, puis un autre, jusqu'au stage de fin d'étude, et ils sont tout naturellement restés travailler dans cette entreprise. Plus ou moins à ce moment-là, ils se sont mis à sortir avec quelqu'un, et puis le temps passant ils ont emménagé ensemble, et fini par avoir des enfants. Maintenant ils ont 40 ans, et ils se rendent compte qu'ils n'ont jamais vraiment choisi leur vie. Les choses se sont simplement déroulées comme cela, toutes seules. Et là ils se demandent: "Mais qu'est-ce que j'ai fichu?" » On peut facilement se laisser porter par la vie, de vacances entre amis en engagements professionnels...

Tout ceci me rappelle une autre histoire, celle de Gérard, rencontré à l'hôpital. Arrivé aux derniers jours de sa vie, il racontait (en un langage moins châtié...): « Toute ma vie, j'ai vécu comme un caïd. J'écrasais tous les autres, je leur montrais que j'étais au-dessus. De toute façon, c'étaient tous des imbéciles. J'étais le genre de gars à vous faire descendre de voiture pour vous casser la figure si vous m'aviez déplu, et à vous forcer à changer de trottoir devant moi. Aujourd'hui, je me dis que j'ai vraiment vécu comme un con. J'en ai voulu aux gens toute ma vie. Maintenant je vois mon fils, que j'ai toujours ignoré... et en fait je l'aime. Et ça me rend heureux. Non mais vous vous rendez compte? Parfois les gens m'énervent, et au lieu de vouloir leur fendre le crâne, j'ai envie d'être patient avec eux! »

Je n'ai jamais su pourquoi ni comment Gérard avait changé ainsi de regard sur le sens de sa vie du jour au lendemain. Je sais seulement que la rencontre de son fils a joué un grand rôle pour lui.

Ce qui m'a surtout frappé chez lui, c'est cette prise de conscience soudaine: il avait vécu à la surface de sa vie, en fonction de principes dont il ne voulait pas en réalité. J'ai surtout été impressionné par sa capacité à changer réellement de façon de vivre après cette prise de conscience. Car contrairement à ce qu'on raconte dans les films, c'est extrêmement rare, même sur un lit de mort…

Pour nous, l'enjeu est donc simple. Que la vie ne soit pas quelque chose qui nous arrive, mais quelque chose que nous choisissons.

Beaucoup d'événements surviennent dans notre vie sans que nous les ayons choisis, et parfois des épreuves violentes ou difficiles. Il ne s'agit pas de nier ces peines qui marquent notre vie, mais de souligner que même dans ces situations, nous avons encore la liberté de choisir notre façon de les vivre, ou du moins celle que nous visons.

Nous comprenons maintenant quel est l'enjeu de notre quête du sens. Recevant de partout des visions très diverses, il nous revient de leur faire passer l'épreuve de notre propre expérience de la vie et de notre jugement, pour assembler peu à peu les pièces d'une vision juste de notre vie, et écarter les visions déformantes. Maintenant que nous savons où nous allons, nous allons pouvoir rentrer peu à peu dans la dimension véritablement intérieure de notre quête, celle qui nous permettra de trouver le chemin du sens. Dans ce but, et puisqu'il s'agit de faire le tri parmi les visions qui nous sont proposées, je voudrais te partager quelques pistes qui peuvent nous aider à nous débarrasser de ce qui nous aveugle, et à reconnaître ce qui éclaire véritablement le sens de notre vie.

Retirer ses œillères

Aveuglement systémique

Commençons par écarter ce qui nous aveugle, c'est-à-dire par apprendre à voir ce que nous ne voyons pas. Nous avons compris qu'un mauvais système nous rendait incapable d'entendre autre chose que lui-même. Si nous voulons voir où nous sommes nous-mêmes aveuglés, nous avons besoin de comprendre comment on en arrive là.

Prenons un exemple. Il y a quelques décennies, Karl Marx a proposé une théorie d'une extraordinaire puissance explicative. En un sens, son point de départ est simple. Il consiste à dire que l'ensemble des forces historiques sont en réalités mues par des réalités économiques. C'est un « matérialisme historique » : l'histoire est entièrement déterminée par des éléments *matériels*, à commencer par l'économie. Cette théorie étonnante a immédiatement débouché sur l'ébranlement de nouvelles forces historiques militantes prêtes à renverser le monde entier... à partir d'une idéologie. La théorie marxiste a donc réalisé un tour de force sans précédent, consistant à transformer l'histoire grâce à une idée formidable selon laquelle ce ne sont pas les idées qui transforment l'histoire[8].

Au-delà du paradoxe, ce qui m'intéresse dans cet exemple, c'est de comprendre que cette vision rend *effectivement incapable* de comprendre certaines réalités, comme l'amour et la liberté par exemple. Parce qu'elle réduit le monde à un unique aspect, cette vision ne parvient pas réellement à l'appréhender. Le cours de l'or et le taux de chômage moyen sont incapables à eux seuls d'expliquer la Renaissance italienne ou le romantisme du XIXe siècle et leur influence considérable sur l'évolution des sociétés. On peut probablement décrire la conquête musulmane de l'Afrique et du Proche-Orient ou les croisades à l'aide d'idées géopolitiques et économiques. Mais celui qui échoue à voir qu'elles furent d'abord des entreprises spirituelles pour ceux qui les firent n'y comprend rien.

Le problème du marxisme est finalement d'avoir trouvé une idée tellement juste et lumineuse (l'influence de l'économie sur les processus historiques), tellement fascinante, qu'il a fini par ne plus voir qu'elle. Comme une personne fixant les yeux sur une unique ampoule jusqu'à s'en brûler les yeux finit par ne plus voir toutes les autres lumières qui éclairent la pièce, ni même le contenu de celle-ci.

Aujourd'hui, toutes sortes de fascinations semblables se promènent dans l'air du temps, et peuvent nous aveugler par le même processus de réduction de la vie à un seul aspect. À chaque fois, le réductionniste pense avoir trouvé *l'*idée qui pourra *tout* expliquer (les mécanismes économiques, la description des processus neurologiques, l'ennéagramme ou la biologie). Alors il l'applique partout… jusqu'à ce qu'elle perde son sens.

L'aveugle voit-il qu'il ne voit pas ?

Évidemment, la première chose à laquelle la pensée close est aveugle… C'est son propre enfermement. Pour le dire autrement : elle ne comprend plus que la vision qu'elle propose, qui est peut-être vraie, n'est peut-être pas complète, et n'a rien d'évident. Elle ne voit plus qu'elle a reçu cette idée, qu'elle dépend de certains présupposés. En somme, ses lunettes se sont tellement incorporées à ses yeux *qu'elle ne sait plus qu'elle en porte*. C'est ce qui fait son incapacité à dialoguer avec d'autres : elle croit être une évidence absolue devant s'imposer à tous, celui qui est en désaccord étant soit un imbécile, soit un ennemi. « Souvent l'homme vil appelle valeurs dépassées celles qui le dépassent[9]. »

Et moi, dans quels cas est-ce que je considère que celui qui ne partage pas ma vision est un idiot ou un obscurantiste ?

En lisant une telle description, nous pensons facilement aux fanatismes religieux, au communisme… Mais il ne s'agit pas seulement des autres : nous avons tous une certaine tendance à vouloir utiliser notre Idée, celle qui nous paraît bonne – et qui souvent l'est effectivement dans une certaine mesure – pour taper sur le reste. Nous découvrons une vérité – voire même *la* Vérité… et nous nous en servons pour détruire toutes les autres vérités[10]. C'est dire l'attrait qu'exerce sur nous cette quête du sens et de la vérité !

Pour ne pas tomber dans le piège, le meilleur moyen est encore d'avoir repéré le mécanisme. En effet, comme tout un chacun, notre monde moderne tombe aussi dans le panneau. Il est très fort pour rejeter tout ce qui a *l'apparence* d'une pensée enfermante – même ce qui n'en est pas une. En revanche, il est tout aussi mauvais qu'un autre pour reconnaître les occasions où lui-même pense en vase clos. Je te propose quelques exemples, à prendre avec tout le recul nécessaire : je ne prétends pas y réduire la pensée moderne, ni dire que tout le monde pense ainsi, ni même que ces idées sont mauvaises – cela, je te laisse en juger. Ce qui m'amuse ici, c'est de débusquer des idées devenues tellement courantes et évidentes qu'on en oublie qu'elles ne sont pas absolues…

Par exemple, l'idée selon laquelle aucune vérité n'est absolue. Nous avons appris à fuir les systèmes. Comme les systèmes sont souvent absolutisants, nous avons aussi appris à fuir tout ce qui se prétend absolu, et à dire que toute vérité est une question de point de vue. « Chacun sa vérité », « c'est très bien, c'est ta vérité et moi j'ai la mienne » : nous y sommes tellement habitués que nous répétons ces ritournelles sans plus y penser ! Nous avons beaucoup de mal à comprendre, et même à accepter, que quelqu'un puisse prétendre détenir une vérité objective, une « vérité vraie », et la défendre mordicus. Rien ne peut être absolu : voilà ce qui est devenu notre… absolu.

Un autre exemple. « Il est important de pouvoir s'épanouir dans la vie. » Voilà encore une chose qui nous semble tellement évidente qu'il nous paraît scandaleux, inhumain que quelqu'un puisse penser autrement. Si bien que nous avons parfois du mal à concevoir l'idée d'un don complet de soi qui prime sur tout le reste, qui ne soit pas seulement un idéal lointain, mais un principe de vie – par exemple chez mère Teresa, qui choisit de se donner nuit et jour à ceux qui sont autour d'elle, sans plus rien garder pour elle, ni bien matériel, ni famille, ni temps surtout.

En évoquant ces idées, je ne prétends ni être en accord, ni être en désaccord avec elles : j'ai bien sûr mon avis sur le sujet, mais je te laisse forger le tien ! S'il y a quelque chose à leur reprocher, c'est de ne plus être des idées. À force de les répéter sans réelle *appropriation*, nous n'arrivons même plus à les *penser*.

Y voir comme en plein jour

Si nous voulons éclairer peu à peu le sens de notre vie, il ne suffit pas de repérer ce qui nous aveugle. Encore faut-il trouver la lumière ! Dans ce but, je voudrais te partager deux intuitions qui dans mon expérience peuvent nous aider à repérer, parmi les éléments de vision qui nous sont proposés, ceux qui sont réellement éclairants.

Qu'est-ce qui nous fait voir plus clair ?

D'abord, lorsqu'une vision du monde est véritablement porteuse de sens, lorsqu'elle peut véritablement apporter quelque chose à notre vie, un but, ce n'est pas vraiment nous qui la jugeons et l'approuvons. C'est même plutôt l'inverse qui se produit : ce n'est pas nous qui l'éclairons pour la juger, *c'est elle qui nous éclaire*.

Une véritable vision de la vie ne s'ajoute pas en silence à notre bagage intérieur. Elle le remodèle, elle nous fait voir des choses que nous n'avions pas vues auparavant. Surtout, elle nous dispose à recevoir encore davantage. Le propre du sens, c'est d'ouvrir à plus de sens encore. Alors que ce qui est pauvre de sens empêche même de recevoir ce qui en a.

On peut même se dire que la vision du monde ultime serait celle qui serait capable de *tout* éclairer, de tout mettre en lumière, qui révélerait chaque réalité de la vie plus clairement encore qu'elle ne se manifeste elle-même, seule.

Voilà sans doute une bonne façon d'évaluer la vision en fonction de laquelle nous vivons aujourd'hui, ou toute vision à laquelle nous pouvons être confrontés. Est-elle capable de projeter sa propre lumière ? De faire voir la réalité avec plus de profondeur ? M'ouvre-t-elle à un surcroît de sens, ou à une diminution ?

La véritable clé du sens : un mystère étonnant

Nous arrivons maintenant à un point charnière de notre quête : il va nous falloir dépasser un préjugé souvent solidement enraciné en nous, pour déboucher sur une nouvelle perspective.

Nous croyons souvent que la quête intérieure est une quête intellectuelle. Il s'agirait surtout de se connaître, de *comprendre* des choses sur soi (et le monde). Dans la mesure où elle est intérieure, elle serait surtout une analyse de soi de plus en plus fine et profonde. Si le sens ou le but de notre vie est le trésor que nous cherchons, alors nous en sommes la serrure, et la raison analytique en est la clé.

Nous comprendre nous-mêmes est effectivement une excellente première étape. Relire notre histoire et découvrir nos qualités, comprendre nos désirs et la manière dont nous fonctionnons, découvrir tous les détails de notre personnalité et de nos mécanismes intérieurs : ce que l'on appelle généralement le « développement personnel » nous fournit de nombreux outils très utiles dans ce but. Par une approche héritée de la psychologie et des sciences cognitives, toutes ces méthodes nous apprennent à mieux écouter nos émotions, à prendre davantage conscience de ce que nous vivons, à épanouir des aspects ignorés de notre personnalité. Elles nous apportent quelque chose de précieux.

Pourtant, pour celui qui cherche le sens de sa vie, elles restent insuffisantes. Pour commencer, la course à la connaissance est infinie : nous sommes un tel mystère pour nous-mêmes qu'il en reste toujours plus à découvrir – et c'est très rassurant ! Mais il y a deux raisons bien plus importantes qui font qu'une telle démarche ne peut nous fournir la clé.

Faire confiance à notre raison : voilà qui paraît pourtant raisonnable. Pourtant, il n'y a rien de plus irrationnel que de vouloir tout rationaliser. Celui qui est véritablement raisonnable sait que bien des choses dans notre vie, et pour ainsi dire *ce qui est le plus essentiel dans notre vie*, échappent à la seule raison. Notre intellect se révèle très précieux pour quantité de choses, et essentiellement pour affronter les difficultés intellectuelles, comme notre affectivité pour les questions affectives. De même, si l'énigme est celle de l'homme tout entier et de sa vie, seuls l'homme tout entier et sa vie pourront y répondre. Pour le dire autrement : pour découvrir le sens de notre vie d'homme, notre cœur d'homme est infiniment mieux placé que la froide raison. Ce ne sont pas la compréhension analytique, la recherche d'efficacité et l'optimisation rationnelle qui nous fourniront la clé du sens, mais toute la « pâte humaine ». Chesterton exprime cela infiniment mieux que moi :

Un homme ne peut comprendre l'astronomie que s'il est astronome ; il ne peut comprendre l'entomologie que s'il est entomologiste (ou insecte, peut-être), mais il peut comprendre beaucoup à l'anthropologie en étant tout simplement un homme. D'où ce fait frappant, à savoir que le même esprit clinique et détaché qui assure le succès dans l'étude de l'astronomie ou de la botanique conduit au désastre dans l'étude de la mythologie ou des origines de l'homme. Il faut cesser d'être un homme pour rendre justice à un microbe, alors qu'il ne faut pas cesser d'être un homme pour rendre justice aux hommes. La même répression de toute compassion, la même capacité d'écarter les intuitions ou les hypothèses qui rendent un homme prodigieusement génial quand il examine l'estomac d'une araignée, le rendent prodigieusement stupide devant le cœur humain. Il se rend lui-même inhumain pour comprendre l'humanité.

Car les secrets dont s'occupent les anthropologues s'apprennent le mieux

> *non dans les livres ou au cours de voyages, mais à la faveur d'un simple commerce [échange] d'homme à homme. La raison secrète qui fait que certaines tribus sauvages vénèrent les singes ou la lune, ce n'est pas en rendant visite à ces sauvages et en notant les réponses dans un carnet qu'on la trouve, encore que l'homme le plus intelligent puisse suivre cette méthode. La clé de l'énigme est dans notre propre cœur*[11].

La quête intérieure est la quête du sens, de la réponse aux éternelles questions : « Qui suis-je ? Quel but ma vie poursuit-elle ? » Ce sens est mystérieux, mystérieux comme nous-mêmes, mystérieux comme le monde. Il ne s'exprime pas avec des mots, il ne peut pas être réduit par une analyse, mais il résonne au fond de notre âme et fait vibrer tout notre être. Il se dit dans la langue à la fois obscure et lumineuse de la vie. Celui qui veut trouver qui il est et quelle direction donner à sa vie a besoin de penser avec tout ce qu'il est, avec toute sa personne. Penser avec son cœur, penser avec son corps, penser avec sa raison, penser avec son âme, penser avec ses tripes. Celui qui cherche avec son cerveau seul ne trouvera rien d'autre que son cerveau.

Cet approfondissement de la perspective nous mène au deuxième point. Si nous étions nous-mêmes le sens de notre vie, il nous suffirait de nous regarder le nombril avec suffisamment d'attention pour le découvrir. Nous vivrions alors dans un monde merveilleux où nous n'aurions qu'à nous encourager les uns les autres à devenir les plus égocentriques possible, et où toutes les relations apparaîtraient secondaires face à l'autoanalyse permanente.

Mais nous ne vivons pas dans ce monde paradisiaque. Dans cette quête éminemment personnelle, *celui qui regarde son nombril ne fait qu'observer la serrure*. Sans aucun doute, s'il est habile, il en tirera une certaine image de la clé. À vrai dire, il a effectivement besoin de passer par cette étape pour se faire une idée de la forme de cette clé, et savoir que chercher. Nous avons besoin de nous pencher sur ce qui se passe dans les profondeurs de notre cœur pour savoir ce vers quoi celui-ci nous porte, pour commencer à comprendre qui nous sommes, et quelles sont les lunettes que nous portons.

Mais au cours de cette démarche, celui qui cherche découvre en lui-même des marques qui ne parlent pas que de lui. Il découvrira des signes qui enfin le tourneront vers l'extérieur. S'observer soi-même sous toutes les coutures ne nous fournit en définitive aucune réponse sur le sens de notre vie parce que *nous ne sommes pas nous-mêmes la clé de notre vie*. Pour le moment, nous n'avons fait qu'étudier la serrure. Et celle-ci nous a déjà montré combien nous dépendions des autres. C'est vers cet extérieur que notre quête nous mène donc maintenant : vers la relation aux autres.

Chapitre 5
De la maîtrise à la confiance

Pour commencer, nous avons besoin de mieux comprendre en quoi notre quête dépend réellement des autres. Pour cela, je voudrais te parler d'Arthur.

Arthur est un homme sérieux et appliqué. Il désire vivre une vie qu'il aura réellement choisie pour lui-même, selon une vision du monde qu'il se sera forgée personnellement. Il sait que celle-ci ne pourra lui venir que des richesses que lui apporteront les autres. Il a compris que l'essentiel pour lui est de prendre conscience de cette transmission, et surtout d'évaluer chaque idée pour se demander si elle est juste et mérite d'être adoptée. Pour ce faire, hors de question d'accepter le moindre argument d'autorité ! Arthur veut en homme adulte évaluer lui-même la valeur de chaque vision du bien, du sens, du but à poursuivre. La confronter au réel. À son expérience personnelle. Arthur est un homme sage et rationnel, un modèle de détermination et d'application. Et il mourut d'épuisement, malheureux et désespéré, sans avoir eu le temps de commencer à vivre, après s'être acharné à s'assurer de tout par lui-même. Pauvre Arthur.

Il est bien joli de parler de « prise de conscience » et de « réflexion », d'appeler à utiliser toutes ses facultés pour « juger par soi-même » de la valeur de ce que l'on nous propose. Nous savons bien qu'en réalité, *la vie est trop courte pour tout vérifier par soi-même* (sans compter que ce serait un travail assommant).

Pourtant cette vérification par la seule raison personnelle n'est-elle pas l'option la plus souhaitable ?

Qui est fou ?

Le Royaume de l'Autonomie est un royaume de platistes

En réalité, la quasi-totalité de notre vie repose sur des informations et des croyances non vérifiées.

Prenons un exemple. Quelles preuves avons-nous que la Terre soit sphérique ? *Je veux dire personnellement ? Suis-je réellement certain que la Terre n'est pas plate ?* Évidemment, face à une telle question, les preuves affluent à notre esprit. Les photos de la Terre prises depuis l'espace, les voyages autour du monde, les innombrables démonstrations scientifiques dont certaines sont vieilles déjà de plusieurs millénaires !

Pourtant, pour notre esprit autonome et rationnel, celui de notre cher Arthur, rien de tout cela ne constitue réellement une preuve convaincante. Ou plutôt, ce n'est qu'information transmise, mais non information personnellement évaluée. Sans doute, nous possédons des photos de la Terre prises depuis l'espace. Mais as-tu vérifié toi-même qu'il en était bien ainsi ? As-tu vérifié dans ton propre laboratoire qu'elles n'étaient pas truquées ? Bien sûr, il existe toutes sortes d'expériences dont on dit qu'elles permettent de vérifier depuis chez soi la rotondité de notre charmante planète. Les as-tu réalisées sur ton balcon ? As-tu fait à nouveau toi-même la démonstration de leur validité ? Si tu es comme moi, c'est-à-dire si tu es quelqu'un de normal, probablement pas. Pour Arthur, cela ne fait pas un pli : la vérification n'est pas faite, il ne s'agit pour le moment que d'une idée transmise dont la pertinence reste à démontrer. Le royaume du jugement rationnel personnel est un royaume de platistes. Étonnant paradoxe qui veut que celui qui suive le chemin de la « raison pure » en arrive en réalité aux conclusions les moins raisonnables. La raison qui se croit seule au monde devient folle. Pauvre Arthur.

> *Le fou n'est pas l'homme qui a perdu la raison. Le fou est celui qui a tout perdu, excepté la raison.*
>
> G. K. Chesterton

La confiance

L'un et l'autre, nous ne doutons pourtant pas que la Terre soit ronde, et sans avoir vérifié la plupart des informations ou des idées grâce auxquelles nous vivons, nous n'avons pas particulièrement l'impression que notre vie repose sur des incertitudes sans nombre. Comment cela se fait-il ?

La raison est très simple : en pratique, plus qu'à notre analyse rationnelle systématique, *nous faisons confiance à ceux qui nous transmettent* ces idées. Certains sont des hommes de science, et nous avons confiance en la véracité de leurs propos. Certains sont nos parents, et nous avons aussi confiance en eux, tout simplement parce qu'ils sont *eux*. Et ainsi de suite.

Et note bien ceci : nous ne considérons pas qu'il soit plus probable que la Terre soit ronde. Nous *savons* qu'elle l'est.

En faisant les comptes, on se rend vite compte qu'une part énorme de ce que nous savons repose sur de tels actes de confiance. Si petit enfant, j'ai su qu'il était dangereux de traverser quand le petit bonhomme est rouge, ce n'est pas – sauf exception – parce que j'ai moi-même été renversé par une voiture, ou parce que j'ai mené une étude statistique approfondie. J'ai simplement fait confiance à mon papa et ma maman qui me disaient qu'il ne faut pas traverser à ce moment-là. Je savais qu'ils m'aimaient, j'avais confiance dans le fait qu'ils voulaient mon bien, de façon désintéressée : je pouvais les croire.

De la même façon, nous adhérons à la plupart des idées qui sont les nôtres *parce que nous faisons confiance à ceux qui nous les ont proposées*. Il peut y avoir de multiples raisons de faire confiance. Je fais confiance à l'architecte qui m'indique la façon dont le chantier devrait être mené parce que c'est un homme du métier, aux scientifiques parce qu'ils sont censés être compétents dans leur domaine, à la salubrité du pain que me vend ma boulangère parce qu'il est dans son intérêt qu'il le ce soit. Nous écoutons ceux qui nous paraissent compétents à cause de leur personnalité, de leurs connaissances, de leur réussite ou d'autres raisons qui les rendent à nos yeux dignes de confiance.

La confiance aux dimensions du monde

Notre vie repose sur des actes de confiance

Parfois, nous faisons confiance parce que nous savons – c'est-à-dire que nous avons *confiance* – que cela pourrait être démontré. Simplement, nous ne faisons pas nous-mêmes cette démonstration, et faisons confiance à ceux qui l'ont faite à notre place. L'intégralité des sciences modernes repose d'ailleurs sur ce principe : chaque nouvelle génération de médecins ou de physiciens revérifie par elle-même une minuscule partie de l'état de la science, et fait confiance à ses confrères et illustres prédécesseurs pour tout le reste. C'est un acte de confiance raisonnable. Si chaque chercheur devait reconstruire des connaissances de son domaine par lui-même, la science ne progresserait jamais.

Mais comme le montrent les histoires d'Arthur, des platistes ou du feu rouge, le travail des sciences n'est pas le seul concerné par ce phénomène : *toute notre vie l'est*.

Il y a une scène du film *Un homme d'exception*[12] que j'aime beaucoup. Russel Crowe incarne brillamment le mathématicien John Nash, un homme obsédé par un besoin compulsif et obsessionnel de précision, de certitudes, *de preuves*. Dans l'une des plus belles scènes du film, il se retrouve un soir en tête à tête avec la femme qu'il aime et courtise depuis des mois. Ému, il se met à genoux devant elle. Alors qu'elle s'attend visiblement à ce qu'il lui déclare sa flamme et lui demande de l'épouser, il lui pose cette question absolument déroutante : « Notre relation garantit-elle une relation à long terme ? *J'ai besoin d'une sorte de preuve, de données vérifiables, empiriques*. » Comme on peut l'imaginer, sa future femme a besoin de quelques instants pour se reprendre : « Pardon, donne-moi un instant pour… redéfinir ma vision puérile de l'amour… Des preuves ? Des données vérifiables ? » Lorsqu'elle lui répond finalement, c'est pour lui expliquer que l'amour… repose sur la confiance.

Le secret de l'amour

L'amour et les relations humaines sont au cœur de notre vie. Personne ne pourra jamais me démontrer qu'il m'aime. Pourtant, je *sais* que mes parents m'aiment, que mes amis m'aiment. Étonnant paradoxe qui nous révèle un secret de l'amour. Aimer et être aimé, c'est apprendre à dépendre des autres. Accepter que je ne maîtrise pas ce qui est pourtant le plus important pour moi – cette relation d'amour –, mais que cet essentiel dépend du libre don d'un autre. Le secret de l'amour.

Bien sûr, nous avons besoin de témoignages d'amour. Si l'amour est don, alors il se donne à voir, il se sent, il se perçoit. Mais jamais cela ne constitue une preuve au sens mathématique. Tant que je ne fais pas moi aussi l'acte de faire confiance à l'amour, le témoignage d'amour le plus puissant de l'amour le plus brûlant ne me rejoindra pas vraiment : je ne me croirai pas réellement aimé. La relation de chacun à Dieu en est un exemple particulièrement flagrant. Certains parmi nous croient qu'il n'existe pas – à moins qu'il ne se montre à eux un jour, ce dont ils doutent. D'autres ont fait une expérience forte et sensible de son amour pour eux… et comprennent pourtant que cela n'a pas automatiquement changé leur relation avec lui : il y a toujours un acte de foi et d'amour à poser. Alors pourquoi certains ne voient-ils jamais l'amour de Dieu pour eux, et pourquoi d'autres découvrent-ils que même l'expérience d'amour la plus puissante ne fait pas tout ? Pour une même raison : *l'Amour demande qu'on lui fasse confiance*. Non qu'il ne puisse se donner à celui qui lui refuse cette confiance : c'est plutôt que celui qui refuse sa confiance devient de fait incapable de recevoir l'amour. Il devient impossible pour lui d'entendre son témoignage. Ou s'il le reçoit, il le remet bien vite en doute !

Il est beau de voir que l'amour nous renvoie sans cesse à notre liberté : « Veux-tu, oui ou non, me faire confiance ? » Par conséquent, c'est à *nous* d'engager notre liberté si nous voulons vivre l'amour. Nous en avons certainement fait l'expérience dans nos relations amoureuses, mais aussi avec nos amis et nos proches.

Libre de croire

Pour revenir plus près du fil de notre quête, la confiance est au cœur de la façon dont nous guidons nos vies à partir de notre perception du sens que doivent poursuivre nos actes. Notre action est toujours fondée sur un acte de confiance en quelqu'un, ou en une certaine idée du bien. Lorsque je décide de dépenser mon argent pour acheter une nouvelle voiture plus moderne, ou de laisser quelqu'un d'autre préparer le dîner pour moi pendant que je somnole sur le canapé, c'est toujours parce que je crois que c'est la bonne chose à faire pour moi, et que j'ai de bonnes raisons d'agir ainsi. Plus en amont, nous choisissons de croire que tel but que l'on nous propose de poursuivre est bon, de croire ce que nous soufflent notre cœur et notre intériorité face à l'évocation de telle ou telle idée.

Dire que nos actions reposent sur des croyances et des actes de confiance ne diminue pas leur valeur par rapport au statut de « savoirs ». Au contraire, elles n'en sont que bien plus belles et dignes à mes yeux : cela signifie qu'elles reposent réellement sur notre *liberté*. Je ne suis pas assujetti par un savoir à une certaine façon de gouverner ma vie. Le savoir est inflexible, il n'y a pas de liberté face à lui. Certaines idées peuvent rentrer en moi sans que je m'en rende compte, c'est vrai. Mais ultimement, c'est moi qui accorde ma confiance pour choisir comment je veux gouverner ma vie, quel but je veux poursuivre par ma vie.

Chapitre 6

Nous sommes tous des sourciers

Voilà que nous avons maintenant une idée plus nette de la façon dont nous pourrons trouver le sens de notre vie, bien différente de l'image avec laquelle nous avions commencé. Nous avons compris que pour élaborer chacune de nos idées et de nos façons de vivre, nous dépendions principalement des autres : nous recevons d'eux, de l'environnement qui nous entoure, vision du sens et mode de vie. L'enjeu n'est donc pas de produire soi-même par l'introspection ce qui fera la lumière sur le sens de notre vie – ce n'est pas ainsi qu'elle fonctionne – mais de recevoir cet éclairage d'ailleurs, de l'extérieur. Ou plutôt, comme des milliers de visions différentes nous sont proposées, certaines aveuglantes et d'autres lumineuses, l'enjeu de la quête intérieure est de faire le tri entre toutes ces propositions, pour reconnaître celles qui permettent effectivement de voir la vie de façon plus juste. Il s'agit bien de « reconnaître » dans une quête « intérieure », puisque nous jugeons aussi ces visions de la vie (les clés) à l'aune de ce que nous avons découvert au fond de nous-mêmes (la serrure).

Pourtant, il ne s'agit pas seulement de procéder à une minutieuse vérification. On n'étudie pas abstraitement une vision de la vie : on l'adopte ou on la rejette. Et cette adoption se fait dans une logique de confiance. Je choisis de faire confiance à une vision qui m'a été proposée, et que j'ai peut-être absorbée inconsciemment. Cet acte de confiance n'est pas aveugle : au fil de ma vie, je pourrai éprouver peu à peu ce que vaut cette vision. L'acte initial demeure pourtant un acte de confiance. Et comme il est impossible de tout vérifier, d'atteindre une certitude indéniable, l'acte final est lui aussi un acte de *confiance*.

Voilà clairement établi l'enjeu de notre quête. Pour trouver le sens de notre vie, il s'agit de savoir à quelle vision faire confiance. Ou plutôt, car visions et modes de vie ne sortent pas de nulle part, de *trouver la source qui est digne de confiance*, celle qui ne nous enferme pas mais au contraire nous rend libre. *Notre quête intérieure est la quête de la source fiable*, celle dont on peut recevoir avec confiance les réponses à toutes les questions très concrètes que nous avons évoquées.

Nous avons l'habitude de faire confiance : à des personnes dont nous écoutons les idées politiques, à des amis dont le chemin spirituel nous parle, à ceux dont les conseils nous paraissent justes et précieux... Maintenant, notre quête nous mène à l'étape suivante. Qu'il s'agisse d'une personne, d'un mouvement, d'un groupe social ou d'une institution, *qui est suffisamment bien placé pour que je puisse lui faire confiance* pour répondre à la question : « Quel sens donner aux soixante années à venir ? » Voilà en définitive la question qui nous est posée.

Bien sûr, comme une vision de la vie est au moins autant une question d'idées que de façon de vivre et d'actes, on ne peut pas séparer ce que la personne transmet comme idée et ce qu'elle incarne elle-même. D'une certaine façon, décider de croire à l'un, c'est toujours aussi se fier à l'autre. Alors, à qui faire confiance pour nous donner les réponses ? Ou, pour le formuler encore plus simplement,

Qui a les réponses ?

Deuxième partie

Qui peut donner un sens à ma vie ?

Nous croyons que quelqu'un doit savoir.
Qu'il y a quelqu'un qui peut répondre
à cette interrogation.

HANS URS VON BALTHASAR

L'avenir, c'est l'autre.

EMMANUEL LÉVINAS

La découverte de la vie implique
un dépassement du moi, un abandon du moi.
Elle ne se produit que là où l'homme ose sortir
de lui-même et renonce à soi.
Le mystère de la vie s'identifie
au mystère de l'amour.

JOSEPH RATZINGER

Il ne m'appartient pas d'apporter une réponse à la question à laquelle notre démarche a abouti à la fin de la partie précédente. Je veux donc la laisser tout à fait ouverte. Mais je voudrais te partager un autre éclairage sur cette ouverture, sur cette quête intérieure. Ce fil rouge, nous l'avons à vrai dire déjà vu apparaître au long de notre chemin, lorsque précédemment l'amour et l'ouverture aux autres se sont invités dans notre discussion.

C'est cet autre fil que je voudrais suivre maintenant. Je ne le fais pas par hasard : il permet pour moi d'éclairer lumineusement l'ensemble des questions que nous avons posées précédemment, sous un jour tout à fait nouveau. C'est aussi ma façon de te confier ce qui m'habite intérieurement, et qui, d'après mon expérience, permet d'explorer le mieux les voies de la quête intérieure, y compris celles que nous avons laissé ouvertes.

Emparons-nous de ce fil rouge des relations aux autres et de l'amour que nous avons vu émerger, et suivons-le !

Chapitre 1

L'orientation fondamentale

Le bonheur, c'est les autres

Le miracle de Noël

> *Qu'il y ait cependant une nuit pendant laquelle les choses deviennent luminescentes, mais de l'intérieur; un jour pendant lequel les hommes cherchent ce qui est enfoui en eux; et découvrent où est en effet caché, derrière les portails cadenassés et les volets fermés, l'esprit de la liberté.*
>
> G. K. Chesterton

Quelques semaines avant que je n'écrive ces lignes, nous fêtions Noël. Quel moment étonnant. Beaucoup de gens ne savent pas quelle est l'origine de cette fête, c'est-à-dire ce qu'on y fête. Et pourtant, presque unanimement, *tout le monde aime Noël*. Pourquoi ? Parce que Noël est une fête familiale. On se réunit chez soi, on retrouve ses proches. Une fois par an, on prend soin d'eux, on leur est attentif, on leur donne de son temps. On se réjouit de se retrouver. Pendant quelques heures, une journée, nous sommes prêts à oublier nos dissensions et nos ressentiments, à lâcher nos propres affaires pour pouvoir simplement être ensemble. Et tous, nous sentons bien que quelque chose de très beau et de profondément humain se joue, dans la chaleur des foyers aux volets fermés, l'odeur des épines de sapin et la table décorée.

Bien sûr, certains redoutent ou haïssent la fête de Noël, parce qu'ils la passeront seuls, parce qu'ils sont brouillés avec leur famille, ou que l'hypocrisie de la petite pièce qu'il faudra jouer leur est odieuse. Mais cette répugnance est rigoureusement proportionnelle à notre sensibilité à la beauté de ce mystère. La haine n'est pas le contraire de l'amour : c'est l'indifférence.

Nous aimons aussi Noël parce qu'on s'y offre des cadeaux. Quoi de plus naturel ? Et que ce soit pour notre sœur adorée, pour ce frère à qui nous n'avons pas parlé depuis Noël dernier, ou pour nos vieux parents, nous avons cherché à leur faire plaisir. Cette fois au moins, nous avons pris sur notre temps si précieux pour trouver ce qui lui ferait plaisir *à lui*. Et au fond de nous, nous sentons que c'est aussi cela, « la magie de Noël ».

Elle nous révèle notre incroyable sensibilité aux relations humaines.

La sagesse des hommes

L'un de mes professeurs nous faisait cette remarque : « Si vous allez voir vos grands-parents pour leur demander : "qu'est-ce que le bonheur ?", ils vous répondront tous d'une façon ou d'une autre : "mon bonheur, c'est d'être avec toi", ou : "c'est de se donner pour les autres". Parce qu'à la fin de sa vie, quand on fait le bilan, on se rend compte que c'est ce qui a vraiment compté. » Nos grands-parents nous disent : le bonheur, c'est les autres.

Ce constat est étonnant, parce qu'il ne correspond pas souvent à notre façon de vivre. Nous avons plutôt l'impression de devoir penser d'abord à nous. « Charité bien ordonnée commence par soi-même » dit-on. Pourtant, si nous réduisons la vie à une alternative entre « rien que pour moi » et « tout pour les autres », nous ne nous sentons pas à l'aise avec la première option… Les cadeaux de Noël en sont un exemple si évident. Qui refuserait de faire le moindre cadeau, en arguant simplement d'un égoïsme pur et absolu : « vous ne m'intéressez pas », « je garde mon argent pour moi seul » ? Bien peu en tout cas considéreraient que mère Teresa ou Gandhi sont des exemples évidents de vie ratées, des personnes dont les choix de vie sont méprisables, et qui ont été malheureux comme des pierres tout au long de leur vie.

Bien sûr, nous enfouissons souvent ce sentiment sous une épaisse carapace faite d'occupations multiples et d'objectifs personnels à l'égoïsme plus ou moins avoué. « Occupe-toi de ta carrière, tu verras ça plus tard », « là c'est à lui de rendre service, moi je l'ai déjà fait la semaine dernière », « j'ai fait ma part, maintenant, c'est au tour des autres ». Pourtant, notre cœur nous souffle la même chose que la sagesse universelle et millénaire de l'humanité, accumulée au fil de millions de vies et d'expériences humaines, celle qui nous dit qu'« il y a plus de bonheur à donner qu'à recevoir », et qu'au fond il n'y a pas grand-chose qui importe réellement une fois passé cela.

Pour ma part, me souvenir de cela, y repenser régulièrement, me fait sans cesse remettre en perspective ma façon de vivre, les choix que je fais. Voilà un début de vision qui sans aucun doute donne du relief.

Changement de paradigme

La question véritable

Depuis quelques pages nous parlons ensemble de nos croyances, de ce que nous faisons ou ne faisons pas, de la confiance que nous donnons ou refusons aux autres… Tout cela est très bien. Pour autant, il serait terriblement dommage que cette démarche d'approfondissement devienne un repli sur nous-mêmes. Je ne crois pas que l'important soit de se soucier de soi, ou en tout cas pas de cette façon. Nous avons besoin de nous comprendre et ne nous écouter pour pouvoir prendre pleinement en main notre vie. Mais cette descente dans notre intériorité n'est qu'une partie du chemin : *nous ne pouvons pas être nous-mêmes le terme du voyage*. Nous ne sommes pas la clé, mais la serrure.

J'ai proposé de nous pencher sur toutes les questions de la partie précédente, parce qu'il me semble qu'il s'agit d'un bon point de départ. Mais si nous nous laissons interpeller seulement pour nous regarder le nombril, nous avons tout raté ! C'est la limite de toutes les démarches qui nous invitent *seulement* à « se recentrer sur soi », « se retrouver soi-même et s'écouter ». Limite qui explique que ces démarches puissent donner l'impression de tourner en rond après un certain temps, ou de ne pas être réellement satisfaisantes. Nous avons besoin de nous laisser rejoindre par ces questions, pour pouvoir sortir de notre petit « moi » et aller vers ce « plus grand », qu'il se précise et devienne une réalité de notre vie, pour aller vers les autres. Autrement, notre démarche serait terriblement mesquine et triste !

Finalement, la question essentielle n'est pas vraiment : « Qui suis-je ? » Nous avons besoin de l'approfondir, de trouver des éléments de réponse à cette interrogation pour avancer dans la vie, pour trouver notre vocation. Mais la question essentielle, quelle qu'elle soit, sera forcément essentiellement tournée vers les autres : nous ne trouverons pas une réponse en nous regardant dans le miroir. La véritable question à laquelle notre vie répond n'est pas « qui suis-je ? », mais

Pour qui suis-je ?

Le choix

En fin de compte, il n'y a pas cinquante réponses différentes possibles à cette question. À vrai dire, il n'y en a que deux.

Vivre pour moi, ou vivre pour les autres.

Notre vie elle-même est notre réponse à cette question. Et avant tous les autres verres de lunettes que nous pourrons chausser, c'est cette réponse qui donnera sa coloration fondamentale à notre vie, parce que cette réponse précède toutes les autres. Il y a mille et une façons de vivre pour soi : par ses choix de carrière, en donnant la priorité à ses propres passions et loisirs, en mettant à la première place le seul développement de sa personne et l'étude de son propre esprit. Il y a mille et une façons de vivre pour les autres : en partant au bout du monde ou au bout de sa rue aimer les plus pauvres, ou surtout en laissant toujours la première place à ceux que nous côtoyons. « L'amour est inventif jusqu'à l'infini[13]. » Mais à la fin, toutes dépendent d'un choix fondamental face à cette question, un choix qui donne son orientation à notre vie.

Oh bien sûr la réponse n'est jamais tout à fait univoque. Elle est toujours un peu mêlée, et nous avons bien du mal à nous défaire de tous nos compromis, dans un sens ou dans l'autre. Il y a de l'un et de l'autre, non pas comme dans un mélange, mais comme des touches de couleurs juxtaposées les unes à côté des autres. Pourtant, au sein de ces compromis, quelque chose finit toujours par se dégager. L'exemple de certaines personnes de notre entourage nous parle sans doute. Peut-être Madame Moucheboum s'est-elle dévouée à son travail qui la passionnait au point de parfois négliger ses enfants, mais nous voyons qu'elle leur voulait tout le bien du monde, *et qu'elle le leur a montré concrètement*. Peut-être Monsieur Moucheboum s'est-il dépensé pour le bien des SDF de son quartier, mais il a tant voulu faire voir qu'il était indispensable, vanter ses grands mérites et son sens du sacrifice, que nous avons l'impression qu'il le faisait en réalité surtout pour lui-même. Certaines personnes nous inspirent, d'autres moins. Nous ne savons jamais ce qui se passe réellement dans le secret des cœurs, nous ne sommes donc pas en position de juger les autres. Mais nous pouvons voir que quelque chose s'exprime dans leur vie, et nous laisser rejoindre par leur exemple. Surtout, nous comprenons que quelque chose se dégage aussi peu à peu de la nôtre :

Et nous, que voulons-nous que notre vie dise ?

Quels autres ?

Comprenons bien la question qui se pose à nous. Tous, nous sommes d'une façon ou d'une autre tournés vers les autres : il me semble que cette orientation est gravée dans notre nature. L'amoureux est prêt à faire bien des sacrifices personnels pour celle qu'il aime, tout comme le père ou la mère laissera sa vie être infiniment bouleversée pour le bien de son enfant. De façon plus banale, nous nous attachons spontanément à certaines personnes avec lesquelles nous avons une accointance naturelle, avec qui « ça matche » d'une façon ou d'une autre, même si ces personnes sont très différentes de nous. La question qui nous est posée n'est pas de savoir si nous nous choisissons nous-mêmes, ou si nous choisissons *ces autres-là* : cette alternative n'en est pas tout à fait une.

Si le choix est de vivre pour soi ou pour les autres, il ne peut pas s'agir de *certains* autres, mais de *tous* les autres. Quelle que soit la personne qui s'adresse à moi, mon meilleur ami ou ce collègue qui m'indiffère, cet enfant trop bavard ou simplement celui qui s'adresse à moi au mauvais moment, suis-je prêt à *me laisser prendre mon temps* de la même façon ? Suis-je prêt à me laisser déranger, à rester parler, à lâcher mon activité pour écouter et aider l'autre de la même façon, quel qu'il soit ?

La question qui nous est posée est radicale. *Pour qui* suis-je ? Soit pour les autres, soit pour les autres *sauf*... si ce n'est pas la bonne personne, sauf maintenant, sauf si dans ce cas je suis *pour moi*. Comme le dit C. S. Lewis,

> *Aimer, dans l'absolu, c'est être vulnérable. Aime quelque chose, et ton cœur sera certainement déchiré et*

probablement brisé. Si tu veux être sûr de garder ton cœur intact, abstiens-toi de le donner à qui que ce soit, même à un animal. Enveloppe-le soigneusement dans le linceul de tes passe-temps et de tes petits luxes ; évite toute forme de relation, enferme ton cœur à clef dans le cercueil de ton égoïsme. Mais dans ce cercueil – lieu sûr, obscur, inerte, sans air –, il changera. Il ne se brisera pas : il deviendra incassable, impénétrable, indissoluble. L'alternative à la tragédie, ou du moins, le risque de tragédie, est la damnation. Il n'y a qu'un endroit en dehors du Ciel où nous puissions être parfaitement préservés des dangers et confusions de l'amour, c'est l'enfer[14].

Chapitre 2
Rencontrer l'Amour

Qui nous montrera l'amour vrai ?

La question fondamentale

J'arrive au terme de ce que je voulais te raconter, ou plutôt du parcours spirituel que je voulais partager avec toi. Je voudrais terminer en évoquant une dernière question. Pour moi, il s'agit probablement de la question décisive, celle qui pourra éclairer toutes celles qui ont précédé.

Nous voulions discuter de « la vie », et nous avons finalement surtout parlé de confiance, de relations, d'amour… Des actes de confiance que nous posions pour choisir de gouverner notre vie de la manière que nous voulons. Nous avons parlé des personnes en qui nous pouvions avoir confiance pour nous montrer la voie, des personnes dont il nous semblait qu'elles pouvaient nous montrer ce qui était vrai.

En fin de compte, nous avons parlé du bonheur qui vient de l'amour. Était-ce un écart par rapport au début de notre conversation ? Je ne crois pas. Au contraire : nous étions en plein dedans. Le cœur de notre vie, ce sont ces relations. L'essentiel dans la direction que prend notre vie, c'est l'amour donné ou gardé pour soi. C'est parce que ce choix de l'amour est si fort que je voulais l'évoquer. Nous avons besoin de voir qu'il est au cœur, de *saisir qui il est*.

C'est ici que nous arrivons au point décisif. L'aventure la plus importante de notre vie est peut-être celle qui consiste à *apprendre à aimer vraiment*. Mais sur cette route se dresse un obstacle imposant, un obstacle que nous avons déjà évoqué. Autour de nous, toute vie humaine est marquée par des compromis. Certaines le sont moins que d'autres, comme c'est le cas des grandes figures qui me marquent, ainsi mère Teresa ou Pier Giorgio Frassati.

Mais qu'il s'agisse d'eux, des personnes de notre famille ou de nos amis, personne ne se donne jamais tout à fait intégralement, personne ne présente une vie intégralement orientée vers l'amour des autres, sans la moindre trace d'auto-centrement. Mère Teresa avait sans doute des tentations de jugement intérieur et de condamnation des autres, tandis que la démarche de méditation comme on en trouve dans plusieurs grandes mouvances, si elle appelle à la « compassion », se fonde d'abord sur un centrement sur soi et sur son propre esprit. Notre propre amour est souvent marqué par ces compromis : en tout cas, c'est mon cas.

Nous peinons donc à voir nettement ce qu'est l'amour réel que nous voudrions vivre. L'amour avec lequel nous voudrions véritablement nous donner. L'amour dont nous voudrions être aimés et saisis. L'image de cet amour reste floue… Pourtant, nous avons besoin d'elle pour avancer. Comment aimer si je ne sais même pas ce que cela signifie réellement ? Alors, qui peut nous montrer ce qu'est le don de soi ?

Qui peut nous montrer ce qu'est l'amour véritable ?

Voilà pour moi la question essentielle de notre vie. Elle rejoint toutes celles qui précèdent : « pour qui suis-je ? », « à qui faire confiance ? », « qui a les réponses ? » ou « quel but poursuivre ? ».

Premières pistes

Notre vie quotidienne nous donne déjà de multiples occasions de comprendre un peu mieux ce qu'est l'amour.

Pour ma part, je vois que bien souvent, lorsqu'un ami me raconte une histoire un peu trop longue, lorsque mon frère me demande un service alors que j'étais bien content de profiter du canapé, que le SDF que je croise dans la rue me sollicite alors que je n'en ai vraiment pas envie, je me replie sur moi-même. Je mets l'autre à distance. Il n'est plus celui que je rencontre et que je veux recevoir comme celui qui mérite d'être aimé, mais un objet extérieur qui vient me déranger. Je suis en train de choisir de vivre pour moi, et non pour les autres. Et aimer, c'est accepter de se laisser déranger. Alors c'est le signe que j'ai besoin de me laisser sortir de ma routine, de mon confort ! Comme j'ai tendance à me rendormir facilement, j'ai bien besoin de me laisser bousculer par toutes les occasions d'aimer qui me sont offertes. À vrai dire, je suis heureux qu'elles viennent me donner un petit coup d'épaule pour me déplacer : j'en retire tellement de joie lorsque je me laisse emporter ! Je crois que nous avons besoin de nous laisser interpeller par ces petites situations que nous vivons chaque jour. Par ceux qui sont pour nous des exemples de personnes qui aiment et se donnent eux-mêmes pour les autres, qu'ils soient lointains ou très proches.

Comme moi, tu as sans doute autour de toi des exemples – et des contre-exemples. Ce qui me frappe, c'est que lorsque le don est réel, on voit tout de suite que ces hommes et ces femmes ont une façon remarquablement personnelle de se donner, qui ne ressemble qu'à elles, que personne ne peut reproduire à l'identique sans être hypocrite. Se donner les rend éminemment uniques. Leur personnalité s'épanouit dans ce qu'elle a de plus particulier. Quel paradoxe n'est-ce pas ? C'est précisément en cessant de se préoccuper de soi et en se donnant aux autres qu'on devient le plus soi-même ! Alors qu'à l'inverse, le repli sur soi nous rend tous identiques les uns aux autres. Ce constat nous montre aussi une limite de ces exemples : *a priori*, nous ne pouvons pas tout à fait les imiter, précisément parce que nous ne sommes pas eux...

Cette remarque est peut-être tout de même une bonne piste dans notre quête de la source de l'amour. Quel est le don de soi qui fait advenir à soi-même ? On voit là qu'aimer n'a finalement pas grand-chose à voir avec le fait d'être gentil ou compatissant. S'il s'agit d'une attitude, d'une posture qui s'apprend à partir de certaines

« méthodes », alors deux personnes appliquant les mêmes méthodes adopteront en fin de compte la même posture. Ces « méthodes », ces « trucs et astuces » peuvent s'avérer très utiles pour nous aider à nous transformer, à déplacer notre attention de nous-mêmes aux autres ! Mais ultimement, l'amour ne peut jaillir que du cœur, que de ma personne propre. Il ne peut être que personnel, et dépasser à cet instant même toutes les méthodes et toutes les postures extérieures. L'amour n'est ni une attitude intérieure, ni un acte extérieur. C'est un jaillissement de tout mon être vers l'autre, une réalité intérieure qui ne peut faire autrement que de se déverser dans mon agir, une réalité extérieure qui est ma façon de vivre pour les autres et qui s'enracine au plus intime de mon être. Aimer n'est pas une simple disposition, c'est une façon de vivre.

Précisément pour cette raison, ces « premières pistes », si elles nous font bien pressentir ce que pourrait être l'amour vrai, l'amour absolu, demeurent insuffisantes. Elles sont de bonnes aides, mais ne touchent pas l'absolu.

Une rencontre

Mon cœur est passionné d'amour pour les hommes, et pour toi en particulier.

Jésus

Il y a quelques mois, je prenais un verre avec un ami. Nous parlions justement de l'amour, de la vie sentimentale... une belle conversation. Je lui ai parlé – un peu trop longuement sans doute... – de ce qu'était pour moi l'amour. Me voyant sans doute plein d'enthousiasme pour ce que je lui racontais, il m'a posé cette question très déroutante :

« Comment sais-tu ce qu'est l'amour ? »

À ce moment, je ne m'attendais absolument pas à une question pareille. À vrai dire, je ne me l'étais jamais posée ainsi. Ce qui m'a frappé, c'est que la réponse me vienne pourtant tout naturellement. Je te la partage en guise de conclusion, comme ma réponse personnelle à ce que nous avons évoqué. Il s'agit pour moi de la figure qui dévoile l'amour total, et d'un événement qui révèle cet amour unique d'une façon spéciale.

Juste avant de mourir, Jésus a partagé un repas avec ses amis, dans une atmosphère assez solennelle. Au cours de la soirée, il s'est levé de table, est allé chercher une bassine d'eau et a noué un linge à sa ceinture. Il s'est agenouillé humblement aux pieds de chacun de ses amis, comme un pauvre serviteur, un esclave, et leur a lavé les pieds un par un, les essuyant avec le linge qui lui servait de vêtement. À genoux devant eux, il leur a expliqué que tout en étant Dieu créateur, Dieu du Ciel, il voulait les aimer ainsi : en quittant tout ce qu'il avait et était *pour eux*. C'est en s'oubliant tout à fait pour se donner à eux qu'il voulait les aimer. Jusqu'à y perdre sa propre vie, lui qui est Dieu, puisqu'il allait être tué pour eux le lendemain. Dieu, leur explique-t-il, a choisi de rejoindre personnellement les hommes dans leur vie réelle, même si cela signifie devenir homme parmi les hommes pour eux, et les servir. « Moi, Dieu incarné, je ne suis pas venu pour être servi, mais pour servir et donner ma vie pour la multitude[15]. » Dieu choisit de mourir tué par les hommes plutôt que de ne plus les aimer totalement. Le lendemain, tout Dieu qu'il était, il rendit l'âme sous les coups et laissa son cœur être transpercé plutôt que de s'écarter ne fût-ce qu'un instant de ceux qu'il aime : tous les hommes, et chacun en particulier.

Personnellement, cela me fait comprendre ce qu'est l'amour. Jésus en qui le cœur de Dieu se laisse transpercer plutôt que de cesser de nous aimer et nous abandonner, qui transpercé par notre rejet ne nous en tient pas rigueur, mais nous redit son amour, revient de la mort et la brise pour nous le dire. Ce cœur de Dieu, qui reçoit toute notre personne telle qu'elle est, est prêt à partager notre humanité si cela nous permet d'entrer en relation avec lui, et de laisser notre humanité être transformée par lui, par l'Amour.

Me confronter à cette personne me fait personnellement découvrir ce qu'est l'amour, non comme un concept, mais comme une réalité vécue. Pour ma part, c'est cette relation avec Dieu en Jésus qui me fait cheminer dans ma propre quête intérieure. C'est au fil de cette rencontre intérieure avec lui que je découvre de nouvelles perspectives, que je comprends de mieux en mieux qui je suis et ce que je veux vivre. Et mon cheminement intérieur et personnel, mon regard sur moi-même et le monde s'avèrent d'autant plus riches, colorés et profonds que cette relation se développe. Les deux fils de ma quête intérieure et de ma relation avec Jésus se tissent maintenant ensemble. Pour moi, c'est dans ce dialogue avec lui que s'éclaire ma quête intérieure. Cela a commencé tout petit, d'une façon très accessible, par de simples pensées adressées à lui, des questions, de petits choix faits pour aimer à sa façon, de petites demandes qu'il partage cela avec moi… J'ai avancé ainsi à mon rythme, jusqu'à ce qu'aujourd'hui je puisse puiser à cette source-là toute la joie qui déborde dans le reste de ma vie ! La joie de partager ce que je vis avec celui qui est l'Amour. Voilà pourquoi je peux dire que la figure de Jésus éclaire pour moi les différentes questions que j'ai évoquées. Voilà pourquoi la réponse à la question de mon ami a jailli si naturellement pour moi. La réponse en était si éclairante que j'ai voulu à mon tour te poser cette même question.

En fin de compte, c'est peut-être cela que je voulais te partager en t'écrivant. Mon émerveillement. Ma joie. L'enthousiasme devant le prodige qu'est notre vie, le mystère vraiment surprenant que nous sommes pour nous-mêmes, la profondeur et la richesse de ce qui se cache dans le cœur des hommes et des relations… Je n'espère qu'une chose : que nous y plongions pleinement, que nous nous laissions interpeller par les autres, par l'amour, quittions la surface, et commencions à vivre le mystère de notre propre vie. Ainsi le chante ce poème juif :

> *Beaucoup demandent : « Qui nous fera voir le bonheur ? » Sur nous, Seigneur, que s'illumine ton visage !*
>
> *Tu mets dans mon cœur plus de joie que toutes leurs vendanges et leurs moissons.*
>
> *Dans la paix moi aussi, je me couche et je dors, car tu me donnes d'habiter, Seigneur, seul, dans la confiance.*
>
> Livre des Psaumes, 4

Suggestions de lecture

Le Grand Divorce, C. S. Lewis, Éditions Raphaël, 2000 (1945).

Un court voyage poétique à la frontière entre ce monde et l'au-delà, qui nous fait découvrir avec un extraordinaire sens du réel et du concret comment notre vie façonne peu à peu notre intériorité.

Les Quatre Amours, C. S. Lewis, Téqui, 2019 (1960).

Tous les amours ne se ressemblent pas : ce petit livre très concret nous fait découvrir la richesse et les enjeux très humains de nos multiples relations.

L'Homme éternel, G. K. Chesterton, Éditions Dominique Martin Morin, 2004 (1925).

Quittant le plan individuel, ce livre est un grand voyage à travers les visions fondamentales adoptées par l'humanité au fil de ses civilisations.

Orthodoxie, G. K. Chesterton, Flammarion, 2010 (1908).

Dans ce livre plus accessible que *L'homme éternel*, Chesterton nous fait découvrir sa propre quête intérieure, dans une langue réjouissante et toujours surprenante. Pour ceux qui cherchent la joie et la vérité à la fois.

Quand tu étais sous le figuier, A. Candiard, Cerf, 2007.

Une petit parcours accessible à tous sur les chemins étonnants de la quête intérieure chrétienne.

À Philémon, A. Candiard, Cerf, 2019.

Une réflexion très courte mais profonde sur notre appel à la liberté intérieure.

L'amour seul est digne de foi, H. U. von Balthasar, Parole et Silence, 1999 (1966).

Ouvrage théologique le plus accessible pour entrer dans la pensée de cet auteur prodigieux.

Le Cœur du monde, H. U. von Balthasar, Saint-Paul, 1997 (1956).

Sans la dimension intellectuelle et spéculative de *L'amour seul est digne de foi*, ce livre propose un cheminement spirituel d'une puissance et d'une profondeur rares au cœur du mystère de la vie humaine, de notre relation très personnelle et concrète à l'Amour, à Dieu.

L'Évangile selon saint Jean

Pour celui qui veut rencontrer cette figure étonnante de Jésus en quelques dizaines de pages. Inclus dans n'importe quelle Bible, il existe aussi en texte séparé, par exemple *Évangile selon saint Jean, texte intégral commenté et illustré*, Le Sénevé, 2015.

Remerciements

Je veux d'abord remercier Ben et Fred, ainsi que tous les Stimers, qui m'ont inspiré d'écrire ce livre, en particulier Jérémy et Colette, mais aussi Romain, Simon, Louis, Grégoire, Nada et les autres.

Une pensée ensuite pour ce cher Chesterton, qui a inspiré ce texte dans le fond et la forme, l'esprit et la lettre. D'une façon ou d'une autre, tout ce qui est bon dans ce livre est de lui : le reste est de moi. Une pensée émue pour tous les autres membres du Club.

Je tiens aussi à remercier tous ceux qui d'une façon ou d'une autre ont participé au projet : Juliette et Emmanuel, qui ont porté ce projet autant que moi, Louis-Marie, Flavie, Jean-Baptiste, Joseph, Stéphane, Hermine, Jean, Yann (et les autres relecteurs anonymes).

Un grand merci aux éditions de l'Emmanuel, à Stanislas et Hélène, qui encore une fois ont fait un travail formidable.

Merci à Ali Mudassir pour la photo de couverture, et à tous ceux qui ont participé à l'élaboration de cette dernière.

Merci à l'inventeur du reblochon, sans qui la vie serait beaucoup plus triste.

Merci enfin à vous d'avoir lu jusqu'au bout. Une petite blague pour finir ?

Un milliardaire organise une gigantesque soirée dans sa riche villa en Californie. Alors que la soirée bat son plein, il rassemble les convives au bord de la piscine. « Chers amis, j'ai un défi à vous lancer. Dans cette piscine se trouve un requin nourri depuis trois mois à la compote de pomme. Celui qui parviendra à la traverser à la nage recevra en récompense ma villa, la moitié de ma fortune, ou la main de ma fille ! » Un grand silence tombe. Et soudain, plouf ! Un homme est à l'eau ! Il se met à nager comme un furibond tandis que le squale fonce sur lui. Il se démène comme un fou, et parvient in extremis à s'extraire du bassin, alors que les mâchoires de l'animal claquent derrière lui. Le milliardaire s'approche, perplexe : « Eh bien bravo… Personne n'avait jamais réussi cet exploit… Que voulez-vous en récompense. Ma villa ? » Allongé hors d'haleine au bord de la piscine, l'autre lui répond péniblement : « Hhh… hhh… non !

– Ah, alors vous voulez la moitié de ma fortune ?

– Hhh… Hhh… non !

– C’est donc la main de ma fille que vous voulez !

– Hhh… non !

– Je ne comprends pas. Que puis-je vous proposer de mieux ? » Ouvrant enfin les yeux, l’autre réplique : « Je voudrais savoir *qui* m’a poussé ! »

Notes

1. Gilbert Keith Chesterton, *L'Homme éternel*, Poitiers, Éditions Dominique Martin Morin, 2012, p. 145. Citation originale : « Il est naturel pour l'homme de se préoccuper beaucoup moins des mécanismes économiques qui, lui procurant son pain quotidien, assurent son existence, que de cette existence elle-même, de l'univers où il s'éveille chaque matin, de la place qu'il y tient. Ce n'est pas sa subsistance qui le préoccupe le plus… »

Par souci de lisibilité, j'omets les crochets lorsque je suis amené à modifier la structure grammaticale d'une citation, ou à en omettre un passage.

Dans ces notes de fin, on trouvera essentiellement des extraits de textes de Chesterton illustrant le propos que le besoin de concision m'empêchait d'insérer dans le fil de la réflexion, ou alors dans une version très réduite : dans ce cas, on trouvera en note le texte intégral.

2. « Supposez qu'un tumulte s'élève de la rue à propos de n'importe quoi, d'un réverbère, mettons, que maintes personnes influentes désirent démolir. Un moine, vêtu

de gris, qui est l'esprit du Moyen-Âge, est sollicité sur la question et il commence par dire, à la manière aride des scolastiques : “Considérons tout d'abord, mes frères, la valeur de la Lumière. Si la Lumière est en soi bonne…” À ce moment-là, on le jette à terre, ce qui est assez compréhensible. Tout le monde se jette sur le réverbère, qui se retrouve par terre au bout de dix minutes, et chacun s'en va en félicitant son prochain de n'avoir pas le sens pratique médiéval. Mais, avec le temps, les choses ne se résolvent pas aussi facilement. Certains ont démoli le réverbère parce qu'ils voulaient la lumière électrique ; d'autres parce qu'ils voulaient de la vieille ferraille ; d'autres encore parce qu'ils voulaient l'obscurité, pour dissimuler leurs mauvaises actions. Certains pensaient qu'il ne suffisait pas d'un réverbère, d'autres qu'il était de trop ; certains se comportèrent ainsi parce qu'ils voulaient détruire le matériel municipal ; d'autres parce qu'ils voulaient casser quelque chose. Et c'est la guerre dans les ténèbres, personne ne sachant qui il frappe. Ainsi, progressivement et inévitablement, aujourd'hui, demain ou le jour suivant, la conviction reviendra que le moine avait raison après tout, et que tout dépend de ce qu'est la philosophie de la Lumière. Seulement ce dont nous aurions pu discuter sous la lampe à gaz, il nous faut en discuter à présent dans l'obscurité. » Gilbert Keith Chesterton, *Hérétiques*, Paris, Flammarion, 2010, p. 24-25.

3. Il existe tant de réponses à cette question. Notons, par exemple, celle de Chesterton : « Le bonheur est un mystère qui ne devrait jamais être rationalisé. Supposez

qu'un homme éprouve un moment de plaisir réellement merveilleux. Je ne parle pas de l'émotion que susciterait un morceau d'émail, mais d'une émotion comportant un élément de violent bonheur, un bonheur presque douloureux. Un homme peut par exemple avoir un moment d'extase lors d'un premier amour ou lorsqu'il gagne une bataille. L'amoureux jouit de ce moment, mais non pour le moment en tant que tel. Il en jouit pour la femme qu'il aime, ou pour lui-même. Le guerrier jouit de ce moment, non pour le moment en tant que tel; il en jouit pour la cause que représente le drapeau. Cette cause peut être absurde ou fugitive; l'amour peut être juvénile ou ne durer qu'une semaine. Mais le patriote croit en un drapeau éternel et l'amoureux que son amour a quelque chose d'infini. Ce sont des moments remplis d'éternité, ils sont joyeux parce qu'ils ne sont pas momentanés. [...] L'homme ne peut aimer les choses mortelles. Il ne peut aimer que les choses immortelles pendant un instant. » Gilbert Keith Chesterton, *Hérétiques*, *op. cit.*, p. 95-97.

4. Un système est un ensemble de pratiques et d'idées structurées entre elles en fonction d'une théorie (vision) globalisante et d'une fin déterminée par un groupe de personnes, prétendant à une cohérence d'ensemble, devant pour cette raison être reçu « en bloc » et donc pensé comme contraignant.

5. Puisque le grand jeu de notre démarche consiste à trouver les idées cachées à l'arrière-plan de nos discours et de nos actes, on peut en débusquer une ici. Cette position a un présupposé : une pensée qui connaît explicitement ses raisons propres, qui est capable de formuler

sa justification, a plus de valeur, est une meilleure pensée qu'une pensée qui se maintient tout en ignorant ses raisons.

6. Gilbert Keith Chesterton, *La Chose*, Paris, Flammarion, 2015, p. 62.

7. « Si tu ne décides pas de ta vie, c'est ta vie qui décide pour toi » (proposition de traduction personnelle).

8. « Le matérialisme historique, selon lequel la morale et la politique sont des produits de l'économie, est une sottise qui consiste à confondre les conditions de la vie avec son objet propre, c'est-à-dire à s'imaginer que l'homme, du moment qu'il n'a que ses jambes pour marcher, ne marche jamais que pour aller s'acheter des chaussures ou des chaussettes. L'homme ne peut vivre sans boire ni manger. Il ne peut pas non plus marcher sans ses deux jambes. Mais prétendre qu'il ne vit que pour boire et pour manger, c'est s'engager à soutenir qu'il ne pensait qu'au développement de ses mollets pendant toutes ses marches guerrières et tous ses pèlerinages religieux. Ce sont pourtant des faits de cet ordre qui constituent notre histoire. Les vaches, certes, vivent en pures économistes et rien ne nous indique qu'elles se préoccupent d'autre chose que de brouter, ici, la luzerne, là, le trèfle. On peut en conclure qu'une *Histoire générale des vaches* en douze volumes serait une lecture plutôt monotone. Les moutons demeurent pareillement au plan purement économique ; c'est la raison sans doute pour laquelle nous trouvons peu de moutons parmi les héros et les fondateurs d'empire. Loin d'admettre que l'économie est la clé de l'histoire

humaine, nous dirons que l'histoire commence là où s'arrêtent les impulsions des moutons et des vaches. Il serait difficile de prouver que les croisés quittèrent leur foyer pour d'effroyables déserts parce que les troupeaux quittent le désert pour de gras pâturages, ou que les explorateurs polaires ont été attirés vers le nord par la même force qui attire les hirondelles vers le sud. J'y reviens : si vous ôtez de l'histoire humaine les explorations et les guerres de religion, qu'en reste-t-il ? L'histoire est façonnée par la volonté de l'homme. Purement économique, l'histoire cesserait d'être l'histoire. » Gilbert Keith Chesterton, *L'Homme éternel*, *op. cit.*, p. 144-145.

9. Jacqueline Kelen, *L'Éternel Masculin*, Paris, Robert Laffont, 1994, p. 215.

10. « Tout [mouvement de ce type] a toujours manifesté une combinaison de trois caractéristiques remarquables. Tout d'abord, il s'est emparé d'une idée mystique empruntée [...] au plateau de la balance des idées mystiques. Ensuite, il s'est servi de cette unique idée mystique contre toutes les autres idées mystiques. Enfin (et c'est le plus singulier), il semble en général n'avoir jamais eu conscience que cette idée mystique favorite est une idée mystique, du moins au sens d'une idée mystérieuse ou douteuse, ou encore dogmatique. Avec une innocence bizarre, troublante, il a toujours considéré, semble-t-il, cette idée comme allant de soi. Il a considéré comme inattaquable alors même qu'il s'en servait pour attaquer toutes sortes d'idées similaires. » Gilbert Keith Chesterton, *La Chose*, *op. cit.*, p. 38-39.

11. L'auteur poursuit : « Quand un homme aura découvert pourquoi les hommes portent des chapeaux noirs dans Bond Street, il aura découvert en même temps pourquoi les hommes portent des plumes rouges à Tombouctou. Si quelqu'un veut trouver l'origine de la religion, qu'il n'aille pas aux îles Sandwich, mais à l'église. Si quelqu'un veut savoir l'origine de la société humaine, et ce qu'est en réalité la société du point de vue philosophique, qu'il n'aille pas au British Museum, mais dans le monde.

La vérité évidente, c'est que du moment où n'importe quel objet a été filtré par l'esprit humain, il est définitivement perdu pour toute fin scientifique. Il est devenu une chose irrémédiablement mystérieuse et infinie ; cet objet mortel a endossé l'immortalité. Même ce que nous appelons nos désirs matériels sont spirituels, parce qu'ils sont humains. La science peut analyser une côtelette de porc et trouver la proportion de phosphore et de protéines qu'elle comporte, mais la science ne peut analyser le désir qu'éprouve un homme pour cette côtelette de porc et déterminer les parts respectives de faim, d'habitude, de caprices nerveux et d'amour obsessionnel de la beauté qui entrent dans ce désir. Le désir qu'a l'homme de la côtelette demeure, à la lettre, aussi mystérieux et éthéré que son désir d'aller au ciel. » Gilbert Keith Chesterton, *La Chose*, *op. cit.*, p. 38-39. Ce développement rejoint ce que nous disions précédemment sur la différence entre un point de vue neutre et un point de vue juste.

12. Ron Howard, *Un homme d'exception* (*A Beautiful Mind*), 2001, Universal Pictures.

13. Maxime de saint Vincent de Paul.

14. Clive Staples Lewis, *Les Quatre Amours*, Paris, Téqui, 2019, p. 151.

15. Cf. Évangile selon saint Marc, chapitre 10, v. 45 : « Le Fils de l'Homme est venu non pour être servi mais pour servir et donner sa vie en rançon pour la multitude. » J'ai effectué une adaptation plus accessible de l'expression « le Fils de l'Homme », propre au vocabulaire biblique.

Table

Deuxième partie
Qui peut donner un sens à ma vie ?

www.editions-emmanuel.com

web

numérique

Impression & brochage - France

Numéro d'impression : N11925210602 - Achevé d'imprimer : Juin 2021

IMPRIM'VERT®

PEFC™ 10-31-3532 / Certifié PEFC / Ce produit est issu de forêts gérées durablement et de sources contrôlées. / pefc-fr